서바이벌
핸드북
119

초판 1쇄 | 2015년 9월 23일

지은이 | 송원길
펴낸이 | 설응도
펴낸곳 | (주)고려원북스

편집장 | 김지현
마케팅 | 김홍석
경영지원 | 설효섭
디자인 | Kewpiedoll Design
삽화 | 조규상

출판등록 | 2004년 5월 6일(제16-3336호)
주소 | 서울시 서초중앙로 29길(반포동) 낙강빌딩 2층
전화번호 | 02-466-1207
팩스번호 | 02-466-1301
전자우편 | Koreaonebooks@naver.com

이 책의 저작권은 저자와 출판사에 있습니다.
서면에 의한 저자와 출판사의 허락 없이 책의 전부 또는 일부 내용을 사용할 수 없습니다.

ISBN : 978-89-94543-70-3   13690

잘못 만들어진 책은 구입처나 본사에서 교환해 드립니다.
책값은 뒤표지에 있습니다.
고려원북스에서는 독자 여러분의 소중한 아이디어와 원고 투고를 기다리고 있습니다.

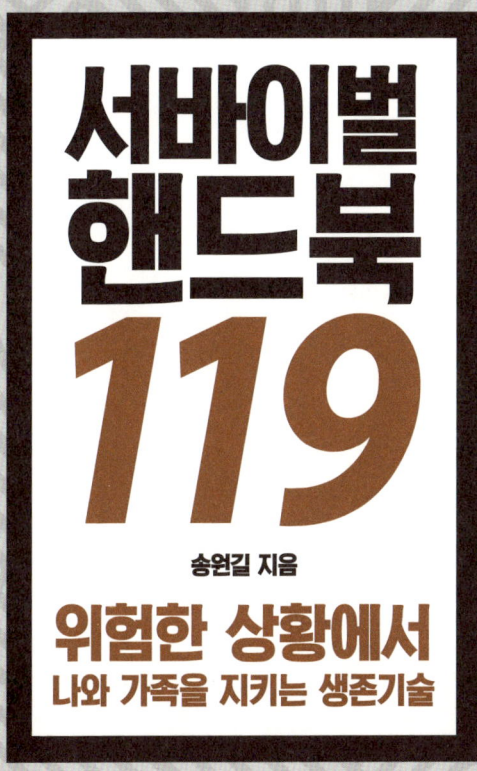

서바이벌 핸드북 119

송원길 지음

위험한 상황에서
나와 가족을 지키는 생존기술

(주)고려원북스

머리말

이 책을 쓰게 된 계기는 10년 전으로 거슬러 올라간다.

당시 나는 비즈니스 파트너인 미국인 가족과 함께 미국, 캐나다 국경 여행을 하고 있었다. 그런데 파트너의 딸인 13세의 미국 소녀가 '극한 상황에서 살아남는 방법'이 실려 있는 책자를 보고 있었다. 미국 환경에서 벌어질 수 있는 위험 상황을 어떻게 대처해야 하는지를 일목요연하게 정리한 책이었다.

한국 학생들이 밤낮없이 영어 수학만 열심히 공부하는 동안, 미국 학생들은 정말이지 소중한 지식과 정보를 배우고 있다는 생각에 부끄럽기도 하고 안타깝기도 했다. 한국으로 돌아가면 반드시 우리 실정에 맞는 한국판 안전 가이드북을 출간하리라 마음먹었지만 바쁜 생활 속에서 시간을 내어 글을 쓰는 것이 쉽지는 않았다.

하지만 내 가슴 한쪽엔 미국 소녀가 내준 이 숙제가 항상 자리 잡고 있었다. 그런데 이런 나의 게으름에 벼락같은 충격을 준 사건이 발생했다. 2014년 우리에게 씻을 수 없는 아픔이 되어 버린 세월호 사건이다. 세월호의 충격은 저자가 몇 번을 쓰다 포기한 이 책을 다시 쓰게 할 만큼 크고 아팠다. 이후 필자는 다시 자료를 모으고 집필에 박차를 가해

비로소 책을 완성하게 되었다.

 이 책은 가정에서 일어나는 사고에서부터 도로에서, 야외에서, 고층 건물에서, 교통수단에서 등 모든 위험한 상황을 담고 있다. 많은 시간을 들이지 않아도 되도록 핵심을 정리하는 데 주력했고, 그림을 통해 빠르게 이해할 수 있도록 했다.

 초등학생부터 주부, 직장인까지 꼭 알아야 할 119가지를 핸드북 형태로 정리한 것이다. 물론 이외에도 더 많은 상황이 있겠지만 꼭 필요한 내용만 엄선했음을 밝혀두는 바이다. 10년이 넘는 시간과 절박함을 통해 만들어진 만큼 이 책이 소중한 생명을 구할 수 있는 바이블로 자리 잡기를 간절히 소망한다.

 바쁜 일정에도 추천의 글을 흔쾌히 써주신 존경해마지 않는 전 강창희 국회의장님에게 머리 숙여 감사드린다. 이 책을 감수해주신 전 행정안전처 김진항 재난안전실장님과 분당 서울대병원 의사이신 서정원님에게 감사의 마음을 전한다.

 국내 실정에 맞는 안전 책자가 꼭 필요하다며 '한 명의 생명이라도 구할 수 있다면 기꺼이 출간해주겠다.'고 지원해준 고려원북스 설응도 사장님과 책의 내용과 디자인을 총괄해준 김지현 편집장님에게 감사드린다.

그리고 결혼 25년 동안 내 곁을 묵묵히 지켜주고 책을 쓰는 데 배려를 아끼지 않았던 아내에게 이 책을 결혼 25주년 선물로 바친다. 두 딸 하연, 민교에게도 이 책이 아빠의 선물이 되었으면 좋겠다.

개인적으로는 이 책이 여섯 번째의 책이다. 나는 우스갯소리로 내 꿈은 베스트셀러 작가라고 말하곤 한다. 이 책이 보다 많은 사람들에게 읽혀져 그 꿈이 이루어질 수 있게 되기를 소망한다.

2015년 가을 안전한 대한민국을 기원하며
송원길

추천의 글

　공무를 수행하면서 국민의 평안과 안전에 대한 걱정이 항상 자리 잡고 있습니다. 크고 작은 재난이 발생하여 국가가 어려운 상황에 처할 때마다 안전에 대한 필요성을 절감하게 됩니다. 재난 방지 최소화를 위해서는 신속한 대응을 통한 사전 예방과 체계적인 시스템을 구축하는 것이 매우 중요합니다.

　개인의 안전 보장을 위해서는 우리 스스로가 안전을 책임질 수 있는 선제적인 학습을 통해 가정에서부터 안전 문화를 생활화 해 나아가야 할 것입니다. 지속적인 학습과 연습을 통한 사고와 재난의 방지는 아무리 강조해도 지나치지 않으며 위험한 상황으로부터 우리의 소중한 생명을 지켜 줄 것입니다.

　위급하고 어려울 때 가장 먼저 찾는 곳이 119입니다. 이번에 발행되는 『서바이벌 핸드북 119』라는 책이 위험한 상황에서 생명을 지켜 줄 수 있는 책자로서 발간되어 너무나도 반갑고 꼭 필요한 책이 적절한 시기에 나왔다고 봅니다.

　많은 사람들이 이 책을 읽고 위험한 상황에서 생존하는 방법을 터득

하여 소중한 생명을 구할 수 있기를 간절히 바랍니다. 사고 없는 안전한 국가 시스템을 만들어 국민이 행복한 삶을 살 수 있게 하는 것이야말로 국가와 사회가 추구하는 최고의 목표라고 말할 수 있습니다.

"아는 만큼 보인다"는 말처럼 목숨을 잃을 수 있는 상황에서 안전에 대한 지식을 가지고 있어야만 위험한 상황을 대처하고 극복할 수 있다고 봅니다. 오늘날 우리는 많은 위험에 노출 되어 살아가고 있습니다. 가정, 학교, 사회 그리고 국가에서도 항상 안전에 대한 노력은 하고 있지만 미흡한 점이 많습니다.

앞서 언급한 바와 같이 안전에 대한 부분은 평소 몸에 배일 수 있도록 훈련과 노력이 있어야 위급한 상황을 헤쳐 나갈 수 있다고 봅니다. 평소 친애하는 송원길 대표가 현재 우리 사회가 안고 있는 안전 불감증을 일깨워 주는 안전에 대한 책자를 출간하는 것에 박수와 응원을 보내는 바입니다.

전 국회의장, 강창희

감수의 글

저자인 송원길 대표께서 책 출간을 하게 된 배경과 오랜 시간 동안 책 출간을 위한 준비 과정을 설명하면서 감수를 부탁해와 거절할 수 없어 감수를 하게 되었습니다.

의료와 안전 분야에 몸담지도 않은 분께서 우리 사회에 벌어지고 있는 안전사고에 대한 경각심을 일깨우려고 노력하는 모습이 국민의 생명을 다루는 일을 하는 의사인 저에게 많은 생각을 하게 된 계기가 되었습니다.

'안전은 아무리 강조 되어도 지나치지 않는다.'고 생각을 합니다. 어린이부터 성인까지 원칙과 기본을 지키는 노력이야말로 가장 중요한 안전의 시작이라고 생각합니다. 안전을 지키고 생명을 유지하기 위해서는 쉽게 접할 수 있는 알기 쉬운 책자의 필요성이 있었습니다.

오랫동안 우리 주변에서 벌어졌던 사고들을 바탕으로 준비를 하여 출간되는 이 책이 소중한 생명을 구할 수 있길 기원합니다. 이 시간에도 사고로 고통 받는 많은 사람들이 있습니다. 이 책이 위급한 상황에서 위험을 넘을 수 있는 작은 정보를 제공할 수 있는 힘을 발휘할 수 있길 바랍니다.

의료 현장에서 환자를 접하는 의사로서 생명보다 소중한 것은 없다고 생각합니다.

끝으로 119가지의 안전에 대한 설명을 한 이 책이 많은 사람들의 생명을 구할 수 있는 책으로 역할을 하길 바라며 안전과 생명을 다시 한 번 생각할 수 있는 계기가 되길 간절히 바랍니다.

분당서울대병원 내과 부교수, 서정원

감수의 글

송원길 대표와의 만남은 우연이자 필연이었다고 생각한다. 사업을 하는 분이 안전에 대한 핸드북을 집필한다는 것 자체가 의아한 일이었다. 이 책을 만든 계기를 물었더니 미국의 어떤 소녀 이야기를 들려주었다. 우리나라에도 이런 책이 꼭 필요하다 싶어 시작한 일이라는 것이 그의 설명이었다.

내 스스로 책을 몇 권 출간하기는 했지만 남의 책을 감수한다는 것이 조금은 조심스러운 일이라 망설이다가 저자의 열정에 감복하여 수락하게 되었다. 직업군인으로 평생 야전을 누비며 병사들의 안전에 대해 노심초사했던 경험과 이명박 정부 시절 행정안전부 초대 재난안전실장으로 2년 반 정도 근무한 경험을 되살리고, 현재 안전모니터 봉사단을 꾸려가는 입장에서 책자에 담고 있는 내용을 감수하고자 했다.

이 책은 실생활에서 부딪히는 여러 가지 어려운 상황에서 살아남는 방법과 안전사고 예방 대책을 다루고 있다. 현장 상황을 간결하면서도 이해가 쉽도록 설명했으며 조치해야 할 사항을 간단하게 설명해 전 국민이 큰 도움을 받을 수 있도록 만들어졌다.

내가 가장 중점적으로 본 사항은 비교적 쉽고 일상적인 용어의 선택이었다. 그 이유는 이 책이 청소년들에게 도움이 될 만한 책이기에 그

들이 이해하기 쉽도록 하겠다는 배려에서였다. 이 책이 보다 많은 사람들에게 사랑 받았으면 좋겠다. 쉽게 해결할 수 있는 위기상황에 대처하지 못해 후회하는 일이 더 이상 없었으면 좋겠다. 이 책이 안전의식이 부족한 우리나라에서 국민의 사고 예방과 안전문화 향상에 크게 이바지하길 기대한다.

전 행정안전부 초대 재난안전실장
현 안전모니터 봉사단 중앙회 회장, 김진항

차례

머리말	4
추천의 글	7
감수의 글	9

Part 1 어떤 상황에서도 살아남는 생존 대책

Chapter 1 집안과 집밖의 사고

001	프라이팬에 불이 붙었을 때	22
002	전열기구에서 열이 날 때	23
003	아파트에 화재가 발생한 경우	24
004	화재 시 현관문(도어록)이 안 열릴 때	26
005	감전되었을 때	28
006	고층 빌딩에 불이 났을 때	30
007	옷에 불이 붙었을 때	32
008	호텔에서 화재가 발생했을 때	33
009	건물이 무너져 갇혔을 때	34
010	강도를 만났을 때	35
011	괴한에게 납치되었을 때	36
012	해외여행 중 인질로 잡혔을 때	37
013	방사능이 유출되었을 때	38
참고자료	**소방차 길 터주기와 골든타임**	39

Chapter 2 질병과 인명사고

- **014** 뇌졸중이 발생한 경우 — 44
- **015** 저혈당으로 쇼크가 왔을 때 — 45
- **016** 심장마비가 발생할 경우 — 46
- **017** 혼자 있을 때 흉통이 생길 경우 — 48
- **018** 뇌진탕을 일으켰을 때 — 49
- **019** 심각한 출혈이 있을 경우 — 50
- **020** 갑작스런 발작을 하는 경우 — 51
- **021** 쇼크가 일어났을 때 — 52
- **022** 생선가시가 목에 걸렸을 때 — 53
- **023** 뜨거운 물에 데었을 때 — 54
- **024** 아기가 고열이 날 때 — 55
- **025** 장시간 더위에 노출되었을 때 — 56
- **026** 기도가 막혔을 때 — 58
- **027** 아기의 기도가 막혀 얼굴이 새파래진 경우 — 60
- **028** 어린아이의 목에 이물질이 걸렸을 때 — 62
- **029** 갑자기 아이가 숨도 안 쉬고 움직이지도 않는 경우 — 63
- **030** 아이가 독극물을 마신 경우 — 66

참고자료 공연장, 행사장에서의 안전 규칙 — 67

Chapter 3 교통수단 이용 시 사고

- **031** 지하철 선로에 떨어졌을 때 — 70
- **032** 지하철에 불이 났을 때 — 71
- **033** 지하철에 탈선사고가 났을 때 — 72
- **034** 자동차 주행 중 갑자기 빙판길을 만났을 때 — 73
- **035** 자동차 고속주행 중 빗길에 미끄러질 때 — 74
- **036** 터널 안에서 차가 멈췄을 때 — 76
- **037** 자동차가 물에 빠졌을 때 — 77
- **038** 자동차 주행 중 브레이크가 파열되었을 때 — 78
- **039** 자동차 주행 중 시동이 꺼졌을 때 — 79
- **040** 고속도로 주행 시 펑크가 났을 때 — 80
- **041** 고속도로 주행 중 짙은 안개를 만났을 때 — 81

042 자동차에서 연기가 날 때　　　　　　　　82
043 터널 안에서 차량에 화재가 발생했을 때　　83
044 대설로 인해 차량이 고립되었을 때　　　　84
045 엘리베이터가 추락할 때　　　　　　　　85
046 비행기가 비상착륙할 때　　　　　　　　86
047 비행기가 강, 호수, 바다에 비상착륙할 때　87
048 비행기 내에 화재가 발생했을 때　　　　　88
049 배가 가라앉을 때　　　　　　　　　　　89
050 선박사고가 일어났을 때　　　　　　　　90
051 구명보트를 타고 표류하는 경우　　　　　92
참고자료 꼭 알아두어야 할 안전표지　　　　93

Chapter 4 천재지변에 의한 사고

052 지진이 발생했을 때　　　　　　　　　　100
053 지진은 멈추었는데 여진이 예상될 때　　　102
054 일본에서 지진 해일이 발생했을 때　　　　103
055 태풍 경보가 내려졌을 때　　　　　　　　104
056 농어촌 지역에 태풍이 왔을 때　　　　　　105
057 홍수 경보가 내려졌을 때　　　　　　　　107
058 폭설 시 산에서 길을 잃었을 때　　　　　108
059 황사가 발생했을 때　　　　　　　　　　109
참고자료 재난안전정보 포털 앱 '안전디딤돌'　110

Chapter 5 야외에서의 사고

060 산에서 길을 잃었을 때　　　　　　　　　114
061 산에서 멧돼지를 만났을 때　　　　　　　115
062 벌집을 건드려 벌이 공격해 올 때　　　　116
063 벌에 쏘였을 때　　　　　　　　　　　　117
064 야외에서 천둥 번개가 칠 때　　　　　　　118
065 성냥 없이 불을 피워야 할 때　　　　　　119

066 독버섯을 먹었을 때 120
067 독초를 먹었을 때 121
068 산불을 만났을 때 122
069 등산 중 저체온증이 왔을 때 123
070 산에서 골절이 되었을 때 124
071 야영을 하다가 계곡물이 불었을 때 126
072 뱀에 물렸을 때 127
073 고산병에 걸렸을 때 128
074 수영하다 다리에 쥐가 났을 때 129
075 물에 빠진 사람을 건졌을 때 130
076 급류나 쓰나미를 만났을 때 131
077 강의 얼음이 깨져 빠졌을 때 132
078 얼음에 빠진 사람을 발견했을 때 133
079 해파리에 쏘였을 때 134
080 헬기에 구조를 요청했을 때 135
081 외딴 곳에서 길을 잃었을 때 136

참고자료 황사보다 무서운 미세먼지 주의보 138

Part 2 불행을 막아주는 안전사고 예방 대책

Chapter 1 사고 예방

- **082** 물놀이 사고 예방 — 144
- **083** 캠핑장 사고 예방 — 145
- **084** 어린이 엘리베이터, 에스컬레이터 사고 예방 — 146
- **085** 예초기 사고 예방 — 147
- **086** 벌 쏘임과 뱀 물림 사고 예방 — 148
- **087** 지하철에서의 사고 예방 — 149
- **088** 운전자 차량 사고 예방 — 150
- **089** 보행자 차량 사고 예방 — 151
- **090** 셀프 주유 사고 예방 — 152
- **091** 화재 사고 예방 — 153
- **092** 가스 사고 예방 — 154
- **093** 장마철 감전사고 예방 — 155
- **참고자료** 가스 안전에 대한 모든 것 — 156

Chapter 2 범죄 예방

- **094** 어린이 및 청소년 성폭력 예방 — 160
- **095** 어린이 유괴 예방 — 161
- **096** 도난 사고 예방 — 162
- **097** 미아 사고 예방 — 163
- **098** 노인의 자살 예방 — 164
- **099** 자살 예방 — 166
- **참고자료** 납치, 유괴 예방을 위한 안전 수칙 — 167

Chapter 3 가정 및 생활 위험 예방

- **100** 가정 내 어린이 안전사고 예방(방과 거실) — 170
- **101** 가정 내 어린이 안전사고 예방(욕실) — 171

102	가정 내 어린이 안전사고 예방(주방)	172
103	가정 내 어린이 안전사고 예방(창문, 베란다, 계단)	173
104	봄철 사고 예방	174
105	겨울 산행 사고 예방	175
106	감염성 질병 예방	176
107	여름철 식중독 예방	178
108	휴가철 식중독 예방	179
109	장마철 식중독 예방	180
110	가을철 야외 전염병 예방	181
111	겨울철 노로 바이러스 예방	182
112	메르스 바이러스 예방	183
113	독감 바이러스 예방	184
114	심각한 질환 예방	186
115	겨울철 한파 예방	187
116	여름철 폭염 예방	188
117	민방공경보 경계경보 발령 시	189
118	민방공경보 공습경보 발령 시	190
119	민방공경보 화생방경보 발령 시	191
참고자료	**화생방 공격 시 대피요령**	192

부록	**응급상황 시 행동 원칙**	194
부록	**폭발, 붕괴, 테러 시 국민행동요령**	197

Part 01
어떤 상황에서도 살아남는 생존 대책

Chapter
01

집안과
집밖의 사고

001 프라이팬에 불이 붙었을 때

🚨 바로 이런 상황

튀김이나 기름진 볶음 요리를 할 때 갑자기 프라이팬 안이나 바깥에 불이 붙는다.

🚨 중요 포인트

- 물을 부으면 위험하다. 더 큰 불이 될 수 있기 때문이다.
- 충분히 식을 때까지 덮어둔다. 식지 않은 상태에서 열면 다시 불이 붙을 수 있다.

🚨 대처하는 방법

1. 가스를 잠근다.
2. 주방 장갑을 낀다(여유가 있을 시).
3. 프라이팬의 뚜껑을 덮어 공기를 차단한다(가장 중요).
4. 불이 사방으로 번질 경우는 담요로 덮어서 끈다.
5. 소화기가 있을 시, 소화기로 진화한다.
6. 진화가 어려운 상황이면 주변에 알리고 신속히 119에 신고한다.

Tip 마요네즈가 필요한 순간!

불붙은 프라이팬에 마요네즈를 넣으면 신기하게도 불이 꺼진다. 마요네즈 성분이 산소를 차단하는 효과가 있기 때문이다.

002 전열 기구에서 불이 날 때

🔔 바로 이런 상황

히터, 전기장판, 다리미, 오래된 전기, 전자제품에 불이 붙는다.

🔔 중요 포인트

- 가능한 한 빨리 콘센트에서 플러그를 뽑는다.

🔔 대처하는 방법

1 사용 중인 전기 제품에서 불이 날 경우 신속하게 플러그를 뽑는다.
2 누전차단기를 확인한 후, 전원을 차단한다.
3 소화기나 물에 적신 담요 등을 이용해 신속히 진화한다.
4 화재 진압이 어려운 경우 119에 신고한다.

Chapter 1 집안과 집밖의 사고

003 아파트에 화재가 발생한 경우

🔔 바로 이런 상황

거주하는 고층 아파트, 다른 층이나 다른 집에서 화재가 시작되었다.

🔔 중요 포인트

- 아파트 화재 시 엘리베이터는 굴뚝 역할을 하므로 이용하지 않는다.
- 1층으로 대피하기 어렵다면, 옥상으로 대피한다.

🔔 대처하는 방법

1 신속히 119에 신고한다.
2 소화기가 있다면 안전핀을 뽑고 진화한다(바람을 등지고 해야 한다).
3 대피가 필요하다면 젖은 수건을 준비 한 후, 아파트 문을 바로 열지 말고 문에 손을 대어본 후 문밖에 연기와 화재가 없다고 판단되면 숨을 참고 비상구로 대피한다.
4 연기가 있는 상황이라면 젖은 수건이나 젖은 휴지로 입과 코를 막고 숨을 짧게 내쉬면서 낮은 자세로 대피한다.
5 1층으로 대피하기 여의치 않다면, 옥상으로 올라가 바람을 등지고 구조를 기다린다.
6 불 속을 통과해야 하는 최악의 상황일 경우, 담요나 이불을 물에 적셔 뒤집어쓰고 대피한다.
7 대피하기 어렵다면, 베란다의 벽을 부수고 옆집으로 이동한다.

| 더 알아보기 | **20층까지 연기가 도달하는 시간, 2분!**

계단식 고층 아파트나 주상복합 건물에서 화재가 날 경우 계단으로 새어 나온 연기가 1층에서 12층까지 도달하는 시간은 1분 이내, 2분이면 20층 높이까지 도달할 수 있다. 아래층에서 화재가 발생한 경우, 아무리 빠른 사람도 1~2분 내에 옥상으로 대피하는 것은 현실적으로 불가능하다. 이미 연기가 확산되었다고 판단되면, 무리해서 대피하기 보다는 각 세대 내부에서 구조를 기다리는 것이 보다 안전한 대처 방법이다.

004 화재 시 현관문(도어록)이 안 열릴 때

🔔 바로 이런 상황

아파트에 화재가 나서 대피하려고 하는데, 도어록이 녹아 문이 안 열린다.

🔔 중요 포인트

- 아파트 베란다의 벽은 화재 시 대피를 위해 콘크리트가 아닌 가벽으로 만들어지므로, 유사시는 대피 통로로 사용할 수 있다.

🔔 대처하는 방법

1 가장 먼저 119에 신고한다.

2 현관문으로 대피할 수 없는 상황이라면 베란다 벽을 부수고 옆 동 혹은 옆집으로 대피한다.

3 여의치 않은 경우 커튼이나 옷가지를 단단히 길게 연결하여 탈출할 수도 있는데, 이는 최후의 방법이므로 함부로 쓰면 안 된다.

Tip 화재 신고 요령

1 당황하지 않고 119번을 침착하게 누른다.
2 화재의 내용을 간단명료하게 설명한다.
3 주소지를 정확하게 알려준다.
4 소방서에서 완전히 인지할 때까지 전화를 끊지 않는다.
5 공중전화의 빨간색 긴급통화 버튼을 누르면 신고가 가능하다.
6 휴대폰의 경우, 사용제한 전화나 미개통 전화로도 신고 가능하다.

005 감전되었을 때

바로 이런 상황
가족이 전기 및 전자제품에 감전되어 쓰러졌다.

중요 포인트
- 환자가 심정지 상태라고 판단되면 즉시 심폐소생술을 시행한다.
- 감전 사고로 인한 화상 발생 시, 깨끗한 물로 세척 후 멸균 드레싱을 한다.

대처하는 방법
1. 구조자는 감전 현장이 안전한지 먼저 파악한다.
2. 고무장갑이나 헝겊 등 전기가 통하지 않는 물건을 이용해 감전 원인이 된 전기 플러그를 뽑는다.
3. 사고자를 구출한 후 의식, 호흡, 맥박 상태를 파악한다.
4. 의식이 없을 시는 인공호흡, 심정지 시는 심장 마사지를 실시하고 신속히 병원으로 이송한다.
5. 사고자의 병원 이송 시, 경추 및 척추 손상을 예방하기 위해 고정시키고 이송한다.
6. 사고자에게 함부로 물이나 음료, 음식 등을 먹이지 않는다.

자동심장제세동기(AED) 사용법

전원을 켜고, 제품 커버를 연다.

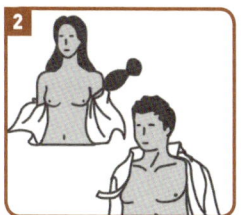
상의를 제거한다.

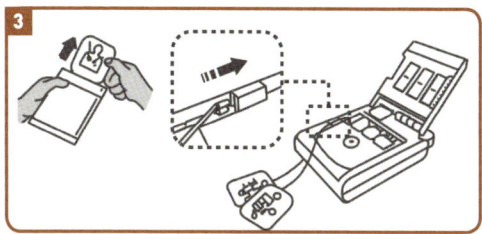
패드를 개봉하고, 컨텍터를 제품에 연결한다.

패드 커버를 제거하고, 환자의 몸에 부착한다.

심전도 분석을 하는 동안 떨어져서 기다린다.

지시에 따라 쇼크버튼을 누른다.

Chapter 1 집안과 집밖의 사고

006 고층 빌딩에 불이 났을 때

🚨 바로 이런 상황

사무실, 극장, 레스토랑, 병원 등 20층 이상의 건물에서 화재가 발생했다.

🚨 중요 포인트

- 엘리베이터는 절대 타지 않는다.
- 최대한 자세를 낮추고, 젖은 수건 혹은 젖은 휴지로 코와 입을 막고 대피한다.

🚨 대처하는 방법

1 우선 119에 신속하게 신고한다.

2 건물 내 방송이 나온다면 화재 상황이나 발화지점을 파악한다.

3 아래층에서 화재가 발생해 1층으로 대피가 불가능한 경우는 옥상으로 대피한다.

4 위층에서 화재가 발생했다면 아래층으로 대피한다.

5 대피 시 유독가스에 노출 되지 않도록 젖은 수건이나 젖은 휴지로 입과 코를 막는다.

6 비상계단으로 대피할 수 없는 심각한 상황이라면 각 층마다 설치된 완강기를 이용해 대피한다.

더 알아보기 화재 시 당황하면 안 되는 또 하나의 이유

가스와 연기에 의한 사망자는 화재 사고 사망자의 60%를 차지한다. 당황하게 되면 평소보다 약 3배 정도 호흡량이 증가되어 다량의 유독가스를 흡입하게 되니, 침착하게 대피하는 것이 아주 중요하다.

완강기 사용법

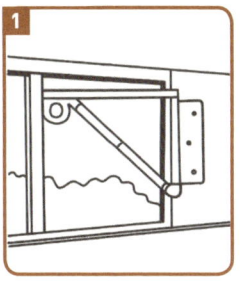
지지대를 창밖으로 꺼낸다.

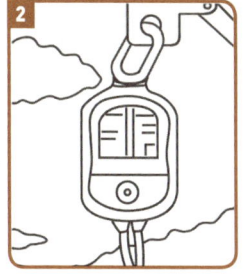
지지대 고리에 완강기 후크를 건다.

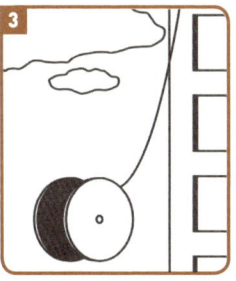
릴(줄)을 창밖으로 던진다.

완강기 벨트를 가슴에 안전하게 건다.

벽면을 타고 안전하게 내려간다.

007 옷에 불이 붙었을 때

🚨 바로 이런 상황

화재 시 불길이 번져 옷에 불이 붙었다.

🚨 중요 포인트

- 반드시 얼굴을 가린 채, 바닥에 뒹굴어 불을 끈다.

🚨 대처하는 방법

1 하던 행동을 멈춘다.

2 얼굴(눈, 코, 입)을 두 손으로 감싼다.

3 바닥에 뒹굴어 옷에 붙은 불이 꺼지도록 한다.

4 담요나 큰 수건들을 몸에 감고 뒹굴면 더 빨리 불을 끌 수 있다.

5 불이 완전히 꺼졌다면, 피부와 옷이 붙었는지 확인한다(붙었다면 억지로 벗지 않도록 한다).

6 옷을 벗는다.

008 호텔에서 화재가 발생했을 때

🔔 바로 이런 상황

카펫이 깔려 있는 호텔에 화재가 발생해 유독가스와 연기로 앞이 보이지 않는다.

🔔 중요 포인트

- 바깥의 상황을 알아보기 위해 함부로 창문이나 문을 열어서는 안 된다.

🔔 대처하는 방법

1 만약 호텔 프런트에 연락이 된다면 밖의 상황을 정확하게 확인한다.

2 젖은 수건으로 입과 코를 막고 낮은 자세로 비상구로 이동한다.

3 이동이 불가능한 경우 물에 적신 이불, 솜 휴지 등으로 문틈을 최대한 막아 연기와 유독가스의 내부 유입을 최대한 차단한다.

4 호텔 객실을 빠져나갈 경우, 물에 적신 침대 시트나 담요, 휴대용 손전등, 객실 키 등을 챙긴다. 물에 적신 시트는 열기와 연기로부터 몸과 호흡기를 보호해주고, 손전등은 단전과 연기로 인한 불투명한 시야를 확보해준다. 호텔 방문은 자동으로 잠기기 때문에 되돌아올 경우를 대비해 키도 챙기는 것이 좋다.

Tip 화재 시엔 낮은 자세가 정답이다!

연기의 수직이동 속도는 초당 3~5m, 수평이동 속도는 초당 0.3~0.8m이다. 즉 수직이동 속도가 훨씬 빠르다. 연기는 위쪽에 머물기 쉬우므로 바닥에 엎드리면 화재 초기, 질식사하는 위험을 최소화할 수 있다.

009 건물이 무너져 갇혔을 때

🔔 바로 이런 상황
지진이나 사고로 건물이 무너져 꼼짝할 수 없게 되었다.

🔔 중요 포인트
- 낮은 온도에서는 3시간, 물이 없으면 3일, 식량이 없으면 3주가 한계 상황이라는 '333의 법칙'을 기억한다.

🔔 대처하는 방법
1. 두려운 마음을 가라앉힌다.
2. 머리와 손, 발끝을 우선적으로 보온한다.
3. 밀폐된 공간이라면 불을 피우는 것은 삼간다.
4. 느린 호흡으로 산소 고갈을 막는다.
5. 주변에 물이 있으면 부유물을 제거하고 마신다.
6. 주변에 물이 없으면 소변이라도 받아 마신다.
7. 수면 자세로 움직임을 최소화한다.
8. 살 수 있다는 희망을 절대 포기하지 않는다.

더 알아보기 ─ 재난 징후란?

도로, 교량, 건물, 옹벽 등 시설물의 파손 및 노후로 방치할 경우 재난사고가 날 것이 우려되는 위험요인이다. 대형 재난 사고가 발생하기 전에는 반드시 여러 번의 사소한 사고나 위험을 알리는 징후가 나타난다고 한다. 생활 주변의 재난 징후를 발견하면 즉시 '재난징후정보 제보센터'에 신고해야 한다.

010 강도를 만났을 때

🚨 바로 이런 상황

인적이 드문 밤길을 걷는데 갑자기 강도가 나타났다.

🚨 중요 포인트

- 소리를 지르거나 반항해 강도를 자극하지 않도록 한다.

🚨 대처하는 방법

1 단순히 금품을 원하는 강도라면, 원하는 것을 빨리 주고 신고한다.
2 만약 흉기를 들고 위협한다면, 소리를 지르거나 반항해 강도를 자극하지 않도록 한다.
3 생명을 위협하는 강도라면 순순히 지갑이나 소지품을 꺼내면서 강도의 허점을 노린다.
4 허점이 발견되면 손가락으로 눈을 찌르거나, 남자라면 낭심이나 목젖을 힘껏 가격한다. 팔꿈치로 옆구리를 공격하거나, 구두 굽으로 강도의 발등을 세게 찍는 방법도 있다.
5 강도가 주춤하는 사이, 신속하게 큰 길로 나가 "불이야!"라고 소리친다.
6 경찰(112)에 신고한다.

011 괴한에게 납치되었을 때

🔔 바로 이런 상황
다른 사람들에게 전혀 알리지 못한 채, 괴한에게 납치를 당했다.

🔔 중요 포인트
- 최대한 납치범의 동정을 살 수 있는 말과 행동을 한다.

🔔 대처하는 방법
1 주변에 도와줄 사람이 없다고 판단되면 반항하지 말고 복종한다.
2 납치범의 동정을 살 수 있도록 행동한다.
3 납치범을 자극하지 않고 우호적으로 응대한다.
4 바깥에 납치 사실을 알릴 수 있는 방법을 찾아낸다.
5 긍정적인 마인드로 대처한다.

012 해외여행 중 인질로 잡혔을 때

바로 이런 상황

해외여행 중에 갑자기 인질로 납치되어 감금되었다.

중요 포인트

- 납치범과 대화를 통해 우호적인 관계를 형성하는 것이 필요하다.

대처하는 방법

1 어떤 경우에라도 침착함을 잃지 않는다.

2 납치범과 대화를 통하여 우호적인 관계를 형성한다.

3 눈이 가려졌다면 주변의 소리, 냄새, 납치범의 목소리, 이동 시 도로상태 등을 기억해둔다.

4 인질범을 자극하는 언행은 삼가고, 몸값 요구를 위한 서명이나 녹음 요구 시 순순히 응한다.

013 방사능이 유출되었을 때

바로 이런 상황

원자력 발전소 폭발 등 사고로 방사능이 유출되고 있다.

중요 포인트

- 절대 비를 맞아서는 안 되며, 요오드화칼륨을 미리 준비해 둔다.

대처하는 방법(실내)

1 열려 있는 창문과 환기구를 닫고 틈새를 막는다.
2 피부가 노출되지 않도록 마스크, 보호안경, 모자 등을 착용한다.
3 방송을 통해 상황을 파악하고 대국민 지시사항을 따른다.
4 전화사용은 자제한다(전화사용량이 폭증하면 통신사고가 발생할 수 있다).

대처하는 방법(실외)

1 실외로 나갈 때는 우의를 착용하고 우산을 쓴다.
2 바람이 부는 방향과 반대로 이동한다.
3 주변에 몸을 피할 수 있는 지하철역이나 긴급대피소를 찾는다(대피소가 없다면 가까운 콘크리트 건물로 대피한다).
4 방사능에 노출되었다면 옷을 털어내고 몸을 깨끗하게 씻는다.

참고자료

소방차 길 터주기와 골든타임

⚡ 골든타임이란?

화재의 초동 진압과 응급환자의 소생률을 높이기 위해 가장 중요한 시간, 즉 화재 또는 환자 발생 후 최초 5분을 말한다.

⚡ 무엇이 문제인가?

최근 소방차 출동 여건이 갈수록 악화되고 있다.
화재 초기에 신속한 대응을 하지 못해 화재 진압에 어려움을 겪고 있는 실정인 것이다. 고층 아파트 화재 시 불법 주정차 등으로 소방차의 진입이 어려워 현장 도착 시간이 늦어지고, 질식 및 추락사고가 발생하는 사례도 자주 발행하고 있다.

⚡ 소방차 길 터주기는 왜 중요한가?

화재 시 5분 이내 초기 대응이 가장 중요하다.
5분이 경과하면 화재의 연소 확산 속도 및 피해 면적이 급격히 증가하고 인명 구조를 위한 구조대원의 옥내 진입이 어려워진다.
또한 응급환자는 4~6분이 골든타임(Golden Time)이다. 심정지 및 호흡곤란 환자의 경우 골든타임 내에 응급처치를 받지 못하면 뇌 손상이 시작된다. 구급차의 현장 도착이 늦어진다는 것은 환자의 응급 처치 및 병원 이송이 늦어져 소중한 생명을 잃게 된다는 의미이다.

⚡ 어떻게 개선해야 하나?

지난해 구급차의 현장 도착 시간은 평균 8분 18초(골든타임 4~6분 이내 도착은 32.8%)였다.
국민들의 긴급차량에 대한 양보의식이 부족한 결과이다. 설문조사에서 소방관의 64%가 '일반차량들이 비켜주지 않는다'고 응답했다. 사설 구급차의 목적 외 사용 등으로 긴급차량에 대한 국민들의 불신이 늘어난 것도 이유 중 하나이다. 미국의 경우, Fire-Lane 및 교통신호 제어시스템을 운영하고 있다. 우리나라도 긴급차량 소통을 위한 교통신호 체계 및 시스템 보완이 시급하다.

⚡ 도로 상황 별 양보운전 요령

1 교차로, 또는 교차로 주변
교차로를 피해 도로의 우측 가장자리에 일시정지한다.

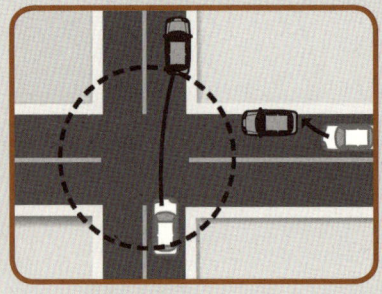

2 일방통행로
도로의 우측 가장자리에 일시정지가 원칙이나, 긴급차량에게 방해가 예상될 때는 도로 좌측 가장자리에 일시정지할 수도 있다.

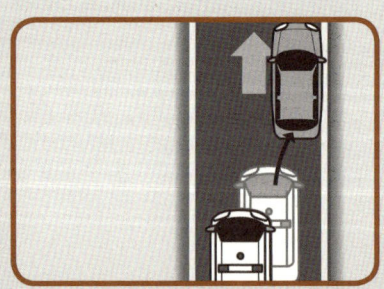

3 편도 1차로
우측 가장자리로 최대한 진로를 양보하여 운전하거나, 일시정지한다.

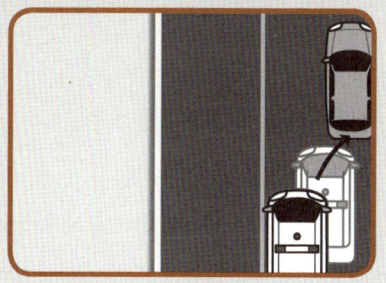

4 편도 2차로
긴급차량은 1차로로 진행하며, 일반차량은 2차로로 양보운전한다.

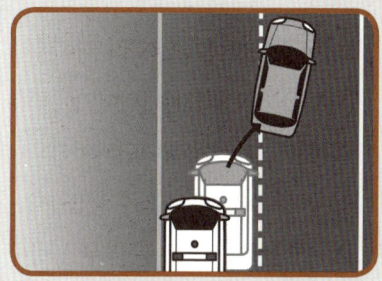

5 편도 3차로
긴급차량은 2차로로 진행하며, 일반차량은 1, 3차로(좌우)로 양보운전한다.

출처 : 국민안전처 홈페이지

Chapter 02

질병과 인명사고

014 뇌졸중이 발생한 경우

🔔 바로 이런 상황

몸의 한쪽이 저리거나 힘이 빠진다고 호소하며 말을 더듬거나 어눌해진다. 의식이 처지고 한쪽 눈이 안 보이거나 반쪽 시야가 보이지 않는다. 심한 두통, 어지러움증과 함께 균형을 잡기 힘들고, 대화가 안 되거나 이상한 행동을 한다.

🔔 중요 포인트

- 발견하는 즉시 병원 치료가 핵심, 뇌경색의 경우에는 막힌 뇌동맥의 재개통, 뇌출혈의 경우에는 응급 수술이 필요하다.

🔔 대처하는 방법

1 즉시 119에 연락한다.
2 환자가 의식이 있는지 확인하고, 의식이 없는 경우 고개를 젖히고 턱을 들어서 기도를 확보한다.
3 숨을 쉬지 않는 경우 즉시 심폐소생술을 시행한다.

기도가 막힌 상태

기도가 열린 상태

더 알아보기 — 뇌졸중이란?

뇌로 가는 혈관이 막히거나 터지면서 생기는 증상. 뇌졸중에는 뇌혈관이 막혀서 생기는 뇌경색과 뇌혈관이 터져서 생기는 뇌출혈이 있으며, 생활 패턴의 변화로 뇌경색이 점차 증가하고 있다.

015 저혈당으로 쇼크가 왔을 때

바로 이런 상황

당뇨병 환자가 식은땀이 나거나 손이 떨리거나, 가슴이 두근거린다. 집중력이 저하되면서 의식이 흐트러지거나 의식을 잃고 쓰러졌다(경구 혈당 강하제나 인슐린의 가장 큰 부작용으로 나타나는 증상이며, 대략 혈중 농도 70mg/dL 이하를 저혈당으로 정의한다).

중요 포인트

- 저혈당 응급 식을 준비한다.
  (꿀 한 숟가락=오렌지주스 1/2캔=요구르트 1개=사탕 3~4개 =콜라 1/2캔)

대처하는 방법

1 당뇨 환자라면 음식을 거르거나, 심한 운동이나 과음을 삼가도록 한다.

2 저혈당 상태라 생각되면 하던 일을 멈추고 즉시 혈당을 측정하고, 혈당이 낮은 경우 신속하게 단 음식을 섭취한다.

3 초콜릿이나 캔디보다는 가능하면 흡수가 빠른 설탕물이나 과일 주스를 마신다.

4 만약 의식이 없다면 신속하게 병원으로 옮겨 정맥 주사로 포도당을 투여한다.

5 저혈당 상태는 뇌세포에 손상을 입히므로 최대한 신속하게 대응해야 한다.

6 너무 당황해서 증상이 사라질 때까지 계속 음식을 먹게 되면 고혈당이 될 수 있으므로 주의한다.

016 심장마비가 발생할 경우

🔔 바로 이런 상황

갑자기 흉통을 호소하며 가슴을 쥐고 쓰러져 의식이 없고, 숨을 쉬지 않는다.

🔔 중요 포인트

- 의식을 잃은 환자가 호흡이 없거나 무호흡, 비정상적인 호흡을 보이는 경우 심폐소생술을 시행한다.

🔔 대처하는 방법

1 쓰러진 사람의 의식 상태와 호흡 여부를 확인한다.

2 숨을 쉬지 않거나 비정상 호흡을 보이는 경우, 주변사람에게 119 신고를 요청한 후, 신속히 심폐소생술을 실시한다.

더 알아보기 성인 심폐소생술 순서와 방법

현재 법률적 사망은 심장기능의 정지를 의미한다. 하지만 심장 박동이 멈추었지만 심폐소생술을 통해 자발적 심장활동을 회복시켜줄 수 있다. 심폐소생술은 다음과 같이 실시하면 된다.

1 의식이 있는지 여부를 확인한 후, 우선 1119에 신고한다.
2 가슴 압박을 30회 실시한다.
　(양쪽 유두를 연결하는 선과 몸의 중앙이 교차하는 지점에 양손을 깍지 낀 상태에서 분당 100회 이상의 속도, 5cm의 깊이로 빠르고 강하게 눌러주면 된다.)
3 인공호흡을 2회 연속 실시한다.
　(한 손으로 턱을 들고, 다른 손으로는 머리를 젖혀 기도를 개방한다. 엄지와 검지로 코를 막은 후, 가슴이 부푸는지 확인하며 숨을 깊이 불어넣으면 된다.)
4 가슴 압박 30회, 인공호흡 2회의 과정을 119가 도착할 때까지, 혹은 환자의 의식이 돌아올 때까지 계속한다.
5 인공호흡에 익숙하지 않거나 꺼려지는 경우, 가슴 압박만 시행한다.

성인 심폐소생술

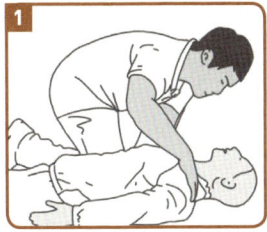

의식 유무를 확인하고 119에 신고한다.

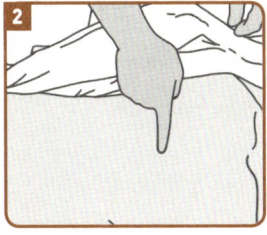

양쪽 젖꼭지 사이 흉부의 정중앙 위치에

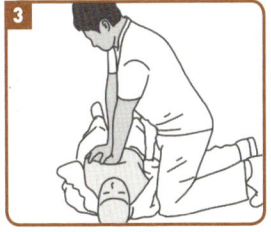

환자 가슴과 어깨가 수직이 되도록

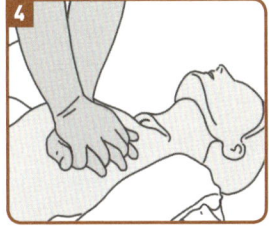

깍지낀 손으로 흉부압박 30회를 실시한다.

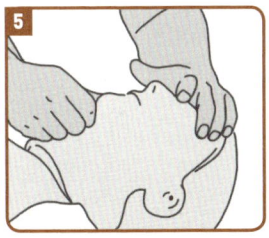

턱을 올려 기도를 개방한다.

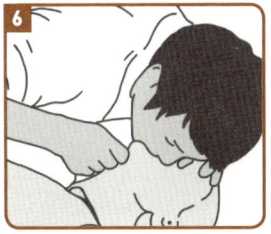

인공호흡 2회를 실시한다.

소아(사춘기 이전)의 심폐소생술

성인과 동일하게 하되, 두 손이 아닌 한 손바닥으로 4~5cm 깊이로 강하게 30회 눌러주고 인공호흡 2회를 실시하면 된다.

017 혼자 있을 때 흉통이 생길 경우

🚨 바로 이런 상황

과음한 다음날 홀로 산행을 하거나, 과로와 심한 스트레스를 겪고 있을 때, 갑자기 극심한 흉통이 시작되었다.

🚨 중요 포인트

- 심근 경색은 시간을 지체할수록 예후가 나쁘다. 최대한 빨리 응급실에 가서 정확한 진단 및 조치를 받는다.

🚨 대처하는 방법

1 겁먹지 말고 최대한 빨리 심호흡을 한다.
2 깊고 길게 하는 기침(심장을 쥐어짜 혈액이 순환하게 해줌)과 심호흡(산소를 폐로 운반하게 해줌)을 한다.
3 정상으로 돌아올 때까지 기침과 심호흡을 2초 간격으로 반복한다.
4 신속히 병원으로 이동하거나, 주위의 도움을 요청한다.

더 알아보기 ▸ 심근경색이란?

심장에 영양분을 공급하는 관상동맥이 막혀서 생기는 질병이다. 심근경색은 50~60대에 발생하기 쉽고, 남자가 여자보다 4~5배 빈번히 발생한다. 심장마비로 진행하는 경우 뇌에 산소가 공급되지 않아 4~5분 내 치명적인 뇌 손상이 생기므로, 심폐소생술을 신속히 시행해야 한다. 짓누르는 듯한 극심한 흉통(30분 이상)이 주증상이며, 쉬거나 니트로글리세린 설하정을 투여해도 호전이 없는 것이 특성이다. 확진이 되는 경우 최대한 빨리 막힌 혈관을 개통하여 혈류를 회복시켜 심근의 추가 손상을 막아야 한다.

018 뇌진탕을 일으켰을 때

🔔 바로 이런 상황

운동이나 놀이를 하다가, 혹은 넘어져서 머리에 심한 충격을 받고 의식을 잃었다.

🔔 중요 포인트

- 머리에 충격을 받은 후, 속이 울렁거리고 머리가 아프면 뇌진탕을 의심해야 한다.
- 의식을 잃으면 기도가 막히기 쉬우므로, 입 안에 있는 분비물과 이물질을 제거하고, 혀가 목 안으로 말려들어가지 않게 혀를 잡아 당겨준다.

🔔 대처하는 방법

1 환자의 의식 상태와 호흡 여부를 확인한다.
2 신속히 119에 연락한다.
3 호흡이 없는 경우 즉시 심폐소생술을 시행하고, 기도를 확보한다.
4 뇌의 일시적 장애로 인해 기억력 상실, 기억력 감퇴, 정신 착란 증상이 나타날 수 있다.

019 심각한 출혈이 있을 경우

🔔 바로 이런 상황

유리조각이나 칼 등 날카로운 도구에 의해 다쳐 출혈이 계속되고 있다.

🔔 중요 포인트

- 출혈 부위를 압박할 때는 반드시 깨끗한 거즈 혹은 멸균된 거즈를 이용한다.

🔔 대처하는 방법

1 출혈 부위에 깨끗한 거즈를 대고 직접 압박한다.
2 출혈이 멈추지 않을 경우, 새 거즈를 덧대어 지혈을 계속한다.
3 지혈이 되면 붕대를 감아준다.
4 지혈이 안 되는 경우, 119에 신고하거나 병원으로 신속하게 이동한다.
5 파상풍 예방 접종력을 확인한다. 확실하지 않은 경우, 병원에서 상의하여 조치한다.

020 갑작스런 발작을 하는 경우

바로 이런 상황

갑자기 정신을 잃고 쓰러진 사람의 사지가 뻣뻣해지고 경련을 일으키며 눈이 돌아가고 침을 흘린다.

중요 포인트

- 환자에게 아무것도 먹이면 안 되며, 환자의 입을 억지로 벌리려 하지 않는다.
- 발작하는 환자를 무리하게 제지하지 않는다.

대처하는 방법

1 발작을 하며 쓰러지면, 주변에 부딪쳐 다칠 수 있는 물건들을 치운다.

2 환자의 머리 밑에 옷이나 수건을 깔아 주어 추가적인 사고를 예방한다.

3 환자의 머리를 왼쪽으로 돌려, 타액 혹은 토사물이 흘러 오도록 유도하고 기도를 유지한다.

4 발작이 5분 이상 지속되면 119에 신고하고 조치를 기다린다.

021 쇼크가 일어났을 때

바로 이런 상황
호흡과 맥박이 빨라지고 동공이 확대되면서, 메스꺼움과 어지러움증을 호소하며 피부는 차고 축축하다.

중요 포인트
- 활력 징후(혈압, 맥박 및 호흡수)를 측정한다. 성인 기준 수축기 혈압은 100mmHg 이상, 맥박은 1분당 60~80회, 호흡은 12~20회가 정상 범위이다.

대처하는 방법
1 신속하게 119에 신고부터 한다.
2 환자가 토하고 있다면, 몸을 옆으로 눕혀 입안의 물질이 기도로 넘어가지 않고 밖으로 흘러나오도록 한다.
3 환자를 눕히고 다리를 30cm 이상 올려준다. 만약 머리, 목, 가슴에 손상을 입었다면 다리를 똑바로 해준다.
4 출혈이 있다면 지혈하고, 골절 부위에는 부목을 대준다.
5 환자의 체온을 유지한다.

더 알아보기 쇼크Shock의 정의와 증상

신체 각 부위에 혈액이 공급되지 못하는 상황을 말한다. 과다출혈, 비정상적 심장 박동으로 순환이 안 되거나, 알러지성 과민반응으로 기도가 수축되어 호흡곤란이 온 상황, 혹은 정신적 평형상태를 해치는 갑작스러운 장애가 모두 해당된다.

쇼크 증상
동공 확대와 눈동자 반응 저하, 빠르고 불규칙적인 호흡, 빠르고 약한 맥박, 청색증, 갈증, 구토, 정신 혼미, 불안, 어지럼증, 마비, 의식 소실 등의 증상이 일어난다.

022 생선가시가 목에 걸렸을 때

바로 이런 상황

생선가시나 닭 뼈가 목에 걸려 통증을 느낀다.

중요 포인트

- 생선가시가 내려가라고 밥이나 쌈을 먹는 경우가 있는데, 오히려 안으로 밀려들어가거나 더욱 깊숙이 박힐 수 있으니 주의해야 한다.

대처하는 방법

1 손가락이나 핀셋을 이용해 억지로 뽑으려고 하면 안 된다.

2 잔가시가 박혔을 경우, 다른 음식을 먹다 보면 빠질 수 있으니 잠시 기다려본다.

3 가시가 박혀 1~2일이 지나면 염증이 발생해 2차 감염이 일어날 수 있으므로, 잔가시더라도 빠지지 않으면 병원에 가야 한다.

4 큰 가시나 큰 뼈인 경우, 신속하게 이비인후과를 찾아 조치한다.

023 뜨거운 물에 데었을 때

🔔 바로 이런 상황

뜨거운 물이나 국, 기름에 데었다.

🔔 중요 포인트

- 우선적으로 화상의 정도를 파악해야 한다.
  1도 화상 | 피부 표피에만 경미한 화상을 입은 경우(일광욕으로 피부가 붉어진 상태)
  2도 화상 | 표피와 진피까지 화상을 입은 경우(피부가 붉게 변하고 물집이 생긴 상태)
  3도 화상 | 표피, 진피, 지방층까지 피부가 손상된 경우(피부가 검거나 희게 탄 상태)

🔔 대처하는 방법

1 화상의 정도를 파악한다.

2 가벼운 1도 화상인 경우, 찬물이나 얼음으로 10분 정도 식혀준다.

3 세균 감염을 막기 위해 화상연고를 바르거나, 느슨하게 거즈를 댄다.

4 중증의 화상인 경우, 화상 부위를 심장보다 높게 하여 병원으로 이송한다.

5 화상으로 인한 물집은 감염을 막아주므로, 절대 터뜨리지 않는다.

6 옷 등이 상처 부위에 달라붙어 있을 때는 억지로 떼지 말고 그대로 병원으로 이송한다.

024 아기가 고열이 날 때

🔔 바로 이런 상황

1년 미만의 갓난아기가 한밤중 고열이 나서 칭얼대거나 몸이 축 늘어진다.

🔔 중요 포인트

- 병원에 데려가야 할 경우를 꼭 알아둔다.
  - 생후 3개월 이전 신생아가 38.5도 이상 열이 나는 경우
  - 고열과 함께 심하게 보채거나 경기를 하는 경우
  - 해열제를 먹이고 1시간이 경과했는데도 열이 안 떨어지는 경우
  - 몸이 축 늘어지면서 탈수증상을 보이는 경우

🔔 대처하는 방법

1 먼저 주변이 덥지 않은지 확인한다. 주변이 더워 열이 발생했다면 환기나 냉방을 통해 실내온도를 낮춰준다.

2 아기의 체온을 측정한다.

3 해열제를 먹이고, 옷을 벗겨 미지근한 물로 온몸을 닦아준다. 찬물이나 얼음물은 혈관을 수축시키므로 위험하다.

4 지속적으로 체온을 점검해 열이 떨어지지 않으면 병원으로 이송한다.

025 장시간 더위에 노출되었을 때

🔔 바로 이런 상황

여름에 야외에서 작업을 하던 건설 인부가 땀을 많이 흘리고, 현기증과 심한 피로감을 느낀다. 혹은 환기가 잘 되지 않는 덥고 습한 쪽방에서 거주하는 노인이 쓰러진 채로 발견된다.

🔔 중요 포인트

- 일사병(heat exhaustion): 고온의 환경에 노출되어 심부 체온이 섭씨 37~40도 사이로 상승하고, 심한 발한으로 인해 혈액 용적이 감소하여 적절한 심장 기능이 유지되지 않는 상태이지만, 중추 신경계의 이상은 없는 상태. 적절히 대처하지 않으면 열사병으로 진행한다.
- 열사병(heat stroke): 심부 체온이 40도 이상이고, 중추 신경계의 이상 소견(의식 변화, 섬망, 경련 등)이 함께 나타난다. 열 관련 질환의 가장 심한 형태로 즉시 조치하지 않으면 여러 장기를 손상시켜 사망을 초래하는 응급 상황이다.

🔔 대처하는 방법(일사병)

1. 환자를 그늘지고 시원한 장소로 옮기고, 조이는 옷은 풀어준다.
2. 환자의 다리를 쭉 펴게 해서 20~30도 정도로 높여준다.
3. 소금이 들어간 찬물 또는 이온음료를 마시게 한다. 생수도 무방하나, 술이나 탄산음료는 금한다. 구역 증상이 심한 경우 억지로 마시게 하지 말고, 병원으로 이동해 수액 치료를 받도록 한다.
4. 30분 이내에 증상이 회복되지 않으면 병원으로 이송한다.

🔔 대처하는 방법(열사병)

1 환자의 의식과 호흡 상태를 확인 후, 신속히 병원으로 이송한다.

2 환자를 시원한 장소로 옮긴 후, 옷을 벗긴다.

3 환자의 체온을 적극적으로 낮추도록 하고, 의식이 회복되면 중단한다.
 - 젖은 수건이나 시트 이용, 얼음물 찜질
 - 의료기관: 냉각 팬, 냉각 담요, 냉수를 이용한 위세척, 방광세척, 직장세척 등

4 머리와 어깨를 약간 올려준 상태를 취하게 한다.

더 알아보기 — 일사병과 열사병의 차이

구분	일사병	열사병
심부 체온	40℃ 이하	40℃ 초과
정신 상태	- 정상 상태 - 30분 이내에 완전히 회복되는 어지럼증과 약간의 정신혼란, 즉시 회복되는 실신	- 비정상 상태 - 섬망, 발작, 의식 소실, 경련, 어눌함
호흡계	정상 또는 빠른 호흡	정신 혼란과 동반된 느린 호흡 또는 빠른 호흡
순환계	- 정상 혈압과 빠른 맥박 - 약간 또는 중간 정도의 탈수	- 저혈압과 빠른 맥박 - 중간 또는 심한 탈수
피부	땀으로 축축함	건조 또는 땀으로 축축함
순환계	구역감 및 구토, 두통, 피로, 위약	구토와 설사, 횡문근 융해증, 급성 신부전, 심인성 쇼크, 간기능 부전

026 기도가 막혔을 때

🔔 바로 이런 상황

떡이나 젤리, 사탕을 먹다가 음식물이 기도에 걸려 호흡 곤란이 오고 고통스러워한다.

🔔 중요 포인트

- 숨을 쉴 수 없는 상황이라면 최대한 빨리 조치를 끝내야 한다.

🔔 대처하는 방법

1 먼저 119에 신고한다.

2 환자 뒤에 서서 환자 허리를 두 팔로 감싸 안는다.

3 배꼽과 명치 사이를 순간적으로 강하게 위로 치켜 올리는 하임리히법을 시행한다.

더 알아보기 성인 하임리히법

음식이나 약물이 목에 걸려 질식 상태에 빠졌을 때 실시하는 응급처치법으로 다음과 같은 순서를 따른다.

1 환자의 상태를 확인한 후 우선 119에 신고한다.

2 자발적인 기침을 유도하고, 스스로 기침을 못 할 경우 복부 밀어내기를 시행한다.

3 환자의 뒤에서 환자의 허리를 감싸 안고, 오른손으로 왼 주먹을 감싼 채 아래에서 위로 강하게 압박한다. 압박 위치는 배꼽과 명치 중간 지점이다.

성인 하임리히법

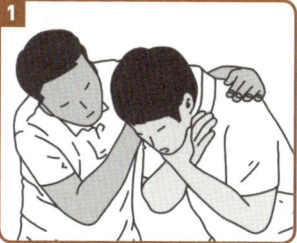

상태를 확인한 후, 119에 신고한다.

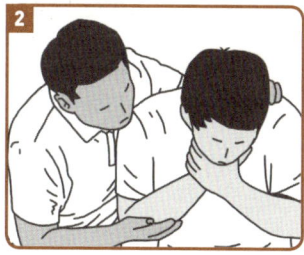

자발적인 기침유도, 기침을 못할 경우 복부 밀어내기를 실행한다.

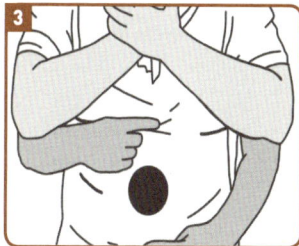

배꼽과 명치 중간에서

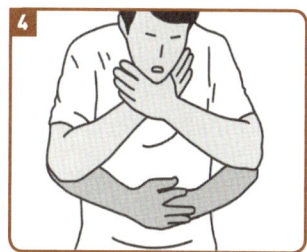

오른손으로 왼주먹을 감싸고

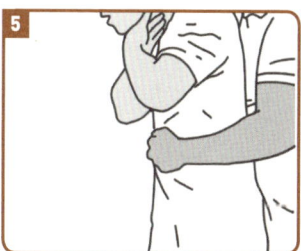

안쪽에서 위로 강하게 밀어낸다.

027 아기의 기도가 막혀 얼굴이 새파래질 경우

바로 이런 상황

영아(생후 1년 미만 아기)의 목에 이물질이 걸려 호흡 곤란이 오고, 얼굴빛이 파랗게 변하고, 기침 소리가 나지 않는다.

중요 포인트

- 의식이 있다면 하임리히법, 의식이 없다면 심폐소생술을 시행한다.

대처하는 방법

1 즉시 119에 신고한다.

2 영아를 팔에 올려 등을 두드리고, 반대로 돌려 가슴을 압박하는 영아 하임리히법을 시행한다.

3 이물질이 배출될 때까지 등과 가슴을 압박하는 동작을 반복한다.

4 의식이 없다고 판단되면 영아를 바닥에 눕힌 후 심폐소생술을 시행한다.

Tip 영아 하임리히법

만 1세 미만의 영아들을 대상으로 한 응급조치이므로 매우 조심스럽게 시행해야 한다. 순서는 다음과 같다.

1 손으로 영아의 발바닥을 건드려 의식이 있는지 파악한 후, 119에 우선 신고한다.

2 무릎을 꿇은 상태에서 왼손으로 영아의 머리를 아래로 향하게 받쳐 들고(얼굴이 지면을 향하도록) 오른손 손바닥 뒤의 볼록한 부분으로 영아의 목 뒤 부분을 5회 압박한다.

3 영아의 위치를 반대로, 즉 머리는 아래로 향하고 얼굴은 하늘을 보게 한 다음, 검지와 중지로 가슴 중앙 부위를 4cm 깊이로 5회 압박한다.

4 이물질이 나왔는지 확인하면서 등과 가슴을 계속 압박한다.

영아 하임리히법

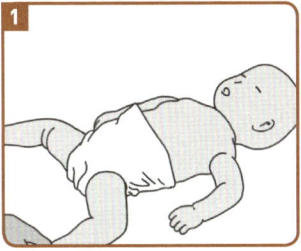

손가락으로 발바닥을 건드려 상태를 확인 후, 119에 신고한다.

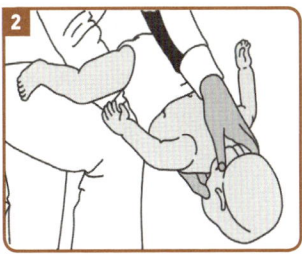

얼굴을 아래로 향하게 한 뒤 손 뒷 부분으로 등을 5회 압박한다.

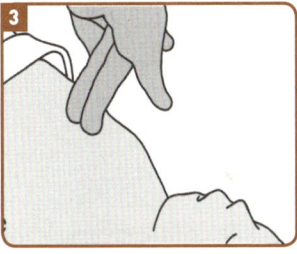

아래로 머리를 기울인 채 가슴 중앙을 약 4cm 깊이로 5회 압박한다.

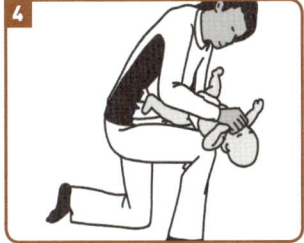

이물질이 나왔는지 확인 후 등과 가슴 압박을 반복 시행한다.

028 어린아이의 목에 이물질이 걸렸을 때

바로 이런 상황

유아(생후 1년부터 6년까지)가 음식이나 약물을 먹다가 목에 걸려 기침이나 호흡을 하기 어렵다.

중요 포인트

- 생후 만 1년 미만 영아와 그 이후 유아는 다르게 대응해야 한다.

대처하는 방법

1. 즉시 119에 신고한다.
2. 유아의 등 뒤에서 허리를 감싼 후, 한 손은 주먹을 쥐고 다른 손은 주먹 쥔 손을 잡아 엄지가 명치와 배꼽의 중간에 위치하게 자세를 잡는다.
3. 유아의 복부를 빠르게 밀쳐 올리는 동작을 5회 반복한다.
4. 유아가 이물질을 뱉어낼 때까지 실시한다.
5. 유아가 의식을 잃게 되면 신속히 119에 신고하고 심폐소생술을 실시한다.

029 갑자기 아이가 숨도 안 쉬고 움직이지도 않는 경우

🚨 바로 이런 상황

영아나 유아가 의식이 없는 상태로 호흡도 감지되지 않는다.

🚨 중요 포인트

- 가능한 한 빨리 신고한 후, 인공호흡을 실시한다.

🚨 대처하는 방법

1. 만 1세 미만이라면 영아 심폐소생술을 시행한다.
2. 딱딱한 바닥에 영아를 눕히고, 흉부 아래 부분에 두 손가락을 수직으로 대고 압박한다.
3. 머리를 기울이고 턱을 올려 기도를 개방한다.
4. 가슴이 부푸는 것을 확인하면서 깊게 숨을 불어넣는 동작을 2회 반복한다. 1초간 1회 호흡을 기준으로 한다.
5. 흉부 압박 30회, 인공호흡 2회를 반복해서 시행한다.
6. 만 1세 이상 유아라면 유아 심폐소생술을 시행한다.

더 알아보기 — 영아 심폐소생술

영아(생후 1년 미만)가 의식, 호흡, 자발적인 움직임이 없을 때, 또한 비정상적인 호흡과 발작 경련이 일어났을 때 다음과 같은 순서로 시행한다.

1 영아를 바닥에 눕히고 발바닥을 건드려 의식이 있는지 여부를 확인한다.
2 양쪽 유두 사이보다 조금 아랫부분이 압박 부위이다.
3 손가락 두 개의 첫 마디 부분을 아기의 압박 부위에 수직이 되게 댄 후, 4cm 깊이로 강하고 빠르게 30회 눌러준다(분당 약 100회의 속도로).
4 턱을 올려 기도를 개방한 후, 아기의 입과 코에 숨을 2회 불어넣는다.
5 아기가 스스로 숨을 쉴 수 있을 때까지 30회 압박, 2회 인공호흡을 반복한다.

영아 심폐소생술

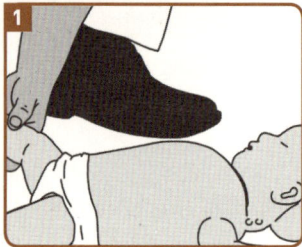
의식을 확인하고 119에 신고한다.

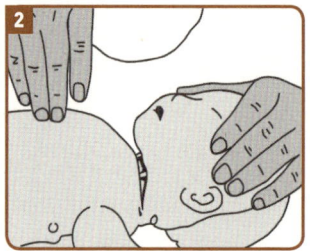
양쪽 젖꼭지 사이 가운데보다 약간 아래, 두개의 손가락으로 가슴압박 3회를 실시한다.

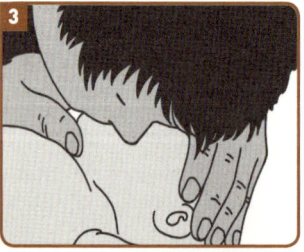
턱을 올려 기도 개방후 인공 호흡 2회를 실시한다.

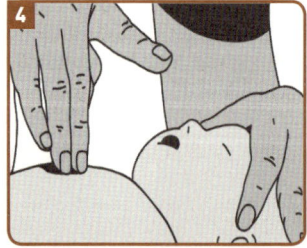
가슴압박 30회, 인공호흡 2회를 반복한다.

더 알아보기   유아 심폐소생술

영아심폐소생술과 동일하나 한 손바닥으로 가슴을 압박한다는 점이 다르다.

1 반응 확인
이름을 크게 불러 반응을 확인한다. 심하게 흔들거나 움직여서는 안 된다.

2 기도 열기와 무호흡 확인
기도를 연 후 호흡 여부를 5~10초간 확인한다. 이때 조심스러운 관찰을 통하여 호흡 여부를 확인한다.

3 흉부압박 실시
8세 미만의 아동인 경우, 손바닥이 손목으로 이어지는 부분으로 아동의 흉골 아래 1/2 부위를 분당 100회의 속도로 압박한다. 누르는 힘은 가슴에서 등까지의 높이의 1/3에서 1/2 정도 들어가도록 한다.
8세 이상의 아동은 어른과 같이 양손을 포개어 흉골의 아래 1/2 부위를 압박한다. 손가락은 가슴에서 떼고 손바닥의 손목으로 이어지는 부분으로 압박한다.

4 인공호흡 2회 실시
호흡이 없는 경우, 코를 손가락으로 막은 후 유아의 입을 처치자의 입으로 막고 유아의 가슴이 올라오도록 2회 천천히 불어넣어 준다.

5 압박과 호흡 반복 시행
흉부압박 30회 이후에 인공호흡 2회를 한다. 30:2로 압박과 호흡을 교대로 반복 시행한다.

030 아이가 독극물을 마신 경우

바로 이런 상황
아이가 세제, 화장품, 의약품 등 독극물을 마셨다.

중요 포인트
- 신속하게 119에 신고하거나 병원으로 이송한다.

대처하는 방법
1 아이가 마신 독극물의 종류와 양을 파악한다.
2 주위가 안전하지 않다면, 안전하고 바람이 잘 통하는 곳으로 이동한다.
3 119에 신고한 후, 의식이 없다면 심폐소생술을 실시한다.
4 아이의 옷에 독극물이 묻어 있다면, 옷을 벗기고 물로 몸에 묻은 독극물을 씻어낸다.
5 병원 이송을 대비해 약 봉지나 병 등 증거물을 챙긴다.

참고자료

공연장, 행사장에서의 안전 규칙

⚡ 입장, 퇴장 시의 질서 지키기

- 공연장 및 행사장 입장 시 뛰거나 앞사람을 밀면 위험하다.
- 관람객은 안전관리요원의 안내를 받아 질서 있게 통로와 출입문을 이용해 이동한다.
- 행사 시간을 사전에 확인하고 미리 입장한다.
- 행사 주최자 및 시설물 이용자는 행사 전 위급상황 발생 시 대처방법을 알려준다.

⚡ 관람 중 예절 지키기

- 공공장소에서 소리를 지르거나 장난을 쳐서는 안 된다. 특히 어린이를 동반했을 때는 더욱 주의해야 한다.
- 행사장 내에서 흡연을 삼간다.
- 폭죽, 폭음탄 등 위험물을 사용해서는 안 된다.

⚡ 비상사태 발생 시 대피 요령

- 행사장 내에서 화재가 발생하면 '불이야' 하고 크게 외치거나 화재경보 비상벨을 눌러 다른 사람들에게 신속히 알린다.
- 빨리 나가려고 앞사람을 밀치면 압사 등 대형사고가 발생할 수 있다. 앞사람을 따라 낮은 자세로 천천히 안내를 따라 질서 있게 이동한다.
- 한꺼번에 출입구로 몰려들지 말고 차례대로 대피한다.
- 실내 행사장의 경우 갑자기 정전되어도 당황하지 말고, 안내요원의 안내를 기다린다.
- 대피 시 119 구급대원 등 안전, 구조요원의 활동에 방해가 되지 않도록 조심한다.

출처 : 국민안전처 홈페이지

Chapter 03

교통수단 이용 시 사고

031 지하철 선로에 떨어졌을 때

🔔 바로 이런 상황

실수나 다른 이유로 인해 불가피하게 지하철 선로에 서 있게 되었다.

🔔 중요 포인트

- 구조되기 전에 열차가 들어오면, 선로와 선로 사이의 공간이나 열차와 승강장 사이의 공간을 이용해 대피한다.

🔔 대처하는 방법

1 열차가 들어오는지 살핀다.

2 열차가 들어오면 승강장과 열차 사이 공간(보통 45~60cm)으로 이동한다.

3 열차에 휩쓸릴 수 있는 옷가지나 가방 등은 버린다.

4 상행선과 하행선을 분리하는 기둥들이 있으면, 기둥 사이에서 지나가는 열차를 향해 똑바로 몸을 세우고 서 있는다.

5 열차가 지나가면 주변의 도움을 받아 신속하게 선로를 탈출한다.

032 지하철에 불이 났을 때

바로 이런 상황

지하철 객차 내에서 화재가 발생해 주변이 연기와 유독가스로 가득하다.

중요 포인트

- 가능한 몸을 낮추어 유독가스에 노출되지 않도록 한다.

대처하는 방법

1 지하철 내의 비상버튼을 눌러 승무원에게 화재 사실을 알린다.
2 여유가 있다면 객차에 2개씩 비치된 소화기를 이용해 불을 끈다.
3 화재 진압에 실패한 경우, 코와 입을 수건, 티슈, 옷소매 등으로 막고 몸을 최대한 낮춰 비상구로 신속히 대피한다.
4 정전 시에는 대피 유도등을 따라 출구로 나간다. 만약 유도등이 보이지 않으면 벽을 짚으면서 나가거나 시각장애인 안내용 보도블록을 따라 나간다.
5 휴대폰의 불빛을 이용하거나, 후레쉬 기능을 이용해도 된다.
6 유독가스가 심할 때는 역내에 있는 방독면을 사용한다.
7 통로에 연기가 가득 찼을 때는 선로를 이용해 대피한다. 이때는 열차 진입에 주의해야 한다.

033 지하철 탈선 사고가 났을 때

바로 이런 상황
지하철 열차가 충돌이나 탈선을 해서 문이 열리지 않는다.

중요 포인트
- 지하철 출입문을 강제로 개방하고 신속히 대피한다.

대처하는 방법
1 객차 내 비상전화로 객실 위치와 현재 상황을 전달한다.
2 화재가 발생한 경우, 비상전화 아래 소화기의 안전핀을 뽑고 진화를 시도한다.
3 구형 전동차의 경우는 의자 및 비상코크 커버를 열어 몸 쪽으로 당겨 문을 개방해 탈출한다.
4 신형 전동차는 출입문 옆 커버를 열고 화살표 방향으로 돌려 문을 열어 탈출한다.
5 화재가 일어났다면 화재의 반대 방향으로 대피한다.
6 유독가스가 있다면 몸을 낮추고 코와 입을 손수건으로 막고 유도등에 따라 대피한다.

더 알아보기 — 비상시 지하철 출입문과 스크린도어 여는 법

출입문 여는 법
1 출입문 옆 의자 아래 비상 코크 덮개를 연다.
2 비상 코크 손잡이를 앞으로 당긴다.
3 약 5초 후, 출입문 양 옆을 잡고 문을 연다.

스크린 도어 여는 법
1 전동차가 정 위치에 정차한 경우, 승강장 안전문 손잡이를 양쪽으로 젖힌 후 좌우로 밀어 연다.
2 정 위치 정차가 아닌 경우, 비상문에 있는 안전 레버를 밀고 나간다.

034 자동차 주행 중 갑자기 빙판길을 만났을 때

🚨 바로 이런 상황

겨울철 자동차 주행 중 갑자기 빙판길이나 눈길을 만나게 되었다.

🚨 중요 포인트

- 빙판길, 눈길에서는 급제동, 급가속, 급한 핸들 조작은 절대 금물이다.
- 겨울철 고가도로, 교량은 일반 도로보다 온도가 낮으므로 결빙되어 있을 가능성이 크다.

🚨 대처하는 방법

1 가급적 브레이크 사용을 자제하고, 엔진 브레이크를 사용해 감속한다.

2 브레이크를 사용할 경우에는 여러 번에 나눠 밟아 정지하도록 한다.

3 눈길 운전 시엔 앞 차의 바퀴자국을 따라 운전하는 것이 안전하다.

4 차가 미끄러질 때는 당황하지 말고, 차체가 기울어진 반대 방향으로 핸들을 조작하면 제동력을 회복할 가능성이 높아진다.

5 차를 세우기 위해 사이드 브레이크(파킹 브레이크)를 사용하면 차가 회전할 위험이 있으니 주의를 요한다.

6 사고를 피할 수 없다고 판단되면, 보다 안전한 곳에서 사고가 나도록 하는 것도 필요하다.

035 자동차 고속 주행 중 빗길에 미끄러질 때

🚨 바로 이런 상황

빗길이나 집중호우로 인해 물이 가득한 도로, 물이 고인 도로를 달리게 되었다.

🚨 중요 포인트

- 브레이크 사용을 자제한다.

🚨 대처하는 방법

1 핸들을 꼭 잡고 절대 흔들리거나 돌아가지 않도록 강력하게 대응한다.

2 당황해서 브레이크를 작동하면 큰 사고로 이어질 수 있으니 유의한다.

3 엔진 브레이크를 이용해 감속한다.

더 알아보기   안전띠의 놀라운 효과

안전띠는 흔히 생명띠라고도 불린다. 안전띠 착용은 선택이 아니라 자신과 가족의 안전을 위한 의무라 할 수 있다.

2,720kg의 힘을 발휘하는 안전띠
안전띠를 매지 않은 상태에서 팔다리로만 버틸 수 있는 힘은 미미하다 못해 무시해도 좋을 정도이다. 두 팔로는 50kg, 두 다리로는 100kg 정도이다. 차량 충돌 시 관성을 이겨낼 수 있는 힘은 두 팔, 두 다리 다 합해도 150~200kg에 불과하다. 이는 차가 시속 7km로 주행했을 때에 유효한 힘이다.
그러나 안전띠는 무려 2,720kg의 힘을 견뎌낼 수 있다. 시속 150km의 충격력을 지탱할 수 있는 힘이라고 하니 안전띠 착용은 필수적이다.

안전띠 착용 요령 (출처 : 국가재난정보센터 홈페이지)
- 자세를 바르게 해서 의자에 깊게 앉는다.
- 띠가 꼬이지 않았는지 확인하며 당긴다.
- 허리띠는 골반에, 어깨띠는 어깨 중앙에 걸쳐서 맨다.
- 안전띠는 가슴과 허리에 착 달라붙는 느낌이 들어야 한다.
- 버클에서 '찰칵' 소리가 나도록 단단히 고정시켜야 한다.

036 터널 안에서 차가 멈췄을 때

🚨 바로 이런 상황

자동차 주행 중 터널 내에서 차의 이상이 생겨 차가 멈춰섰다.

🚨 중요 포인트

- 키를 꽂아놓은 채 주차한 후, 터널 밖으로 신속히 대피한다.

🚨 대처하는 방법

1 터널 내의 갓길이나 비상주차대에 주차한다.
2 시동을 끄고 차량에 키를 꽂아놓은 채, 차에서 내린다.
3 터널 내 긴급전화기가 있다면 신고한다.
4 터널 밖 안전한 곳으로 대피한다.
5 만약 주행 중 터널에 진입했는데, 다른 차량이 사고를 일으켜 차선이 모두 막혀 있을 때도 위와 같은 요령으로 대피해야 한다. 즉 갓길을 이용해 주차하고 시동을 끈 다음, 키를 꽂아둔 상태로 터널을 빠져나와야 한다.

> **Tip** 비상주차대 Emergency parking zone란?
>
> 우측 노견(길어깨)이 좁아 고장 차량이 본선 차도에서 대피할 수 없는 도로일 경우, 사고와 교통의 혼란을 막기 위해 우측 노견에 접하여 주차할 수 있도록 설치하는 도로의 일부를 말한다.

037 자동차가 물에 빠졌을 때

🚨 바로 이런 상황

주행하다가 차량과 함께 강이나 호수, 바닷물에 빠지게 되었다.

🚨 중요 포인트

- 창문이 열리지 않는다면 오히려 차량이 잠길 때까지 기다

🚨 대처하는 방법(차량이 똑바로 가라앉는 경우)

1 차량이 물에 빠지는 순간, 신속하게 창문을 연다.
2 안전벨트를 푼다.
3 자동차 잠금장치를 해제한다.
4 차량 내에 물이 차오를 때까지 기다린다.
5 차량 내에 물이 차서 수압이 바깥과 같아지면, 숨을 참고 열린 창문으로 탈출한다.

🚨 대처하는 방법(차량이 똑바로 가라앉지 않고 유리창이 안 열리는 상황)

1 차량이 물에 가라앉는 중이라면, 안전벨트를 풀고 잠금장치를 해제한다.
2 차 문을 어깨로 힘차게 밀어 문을 연다.
3 문이 열리지 않으면, 물이 완전히 차오르기 전에(30~50초) 도구를 이용해 유리창을 깬다.
4 도구가 없다면 발꿈치로 유리창 가장자리를 깨고 탈출한다. 유리창이 깨지면 수압으로 밀려들어오는 물의 반대방향으로 고개를 돌린다.

Chapter 3 교통수단 이용 시 사고

038 자동차 주행 중 브레이크가 파열되었을 때

바로 이런 상황

내리막길에서 차량 브레이크가 고장을 일으켜 제동이 불가능하다.

중요 포인트

- 비탈길에서 브레이크를 장시간 사용하면 파열이 될 수 있으므로 엔진 브레이크를 이용해 감속해야 한다.
- 사이드브레이크(파킹 브레이크)를 사용해서는 안 된다.

대처하는 방법

1 브레이크 이상을 감지했다면 즉시 비상등을 켠다.

2 브레이크와 액셀러레이터에서 발을 떼고 엔진 브레이크를 이용한다.

3 엔진브레이크를 차례로 4, 3, 2, 1로 내려 속도를 줄인다.

4 충격을 최소화할 수 있는 곳을 찾아, 충돌함으로써 차를 세운다.

5 비탈길에 있는 브레이크 파열에 대비한 지대가 있다면 이용한다.

039 자동차 주행 중 시동이 꺼졌을 때

바로 이런 상황
주행 중에 갑자기 시동이 꺼져 모든 작동이 불가능하다.

중요 포인트
- 시동 꺼짐 현상은 차량 결함뿐 아니라 오염된 연료를 사용해서 일어날 수 있다.

대처하는 방법
1. 가장 먼저 비상등을 켠다. 다시 시동을 걸려고 시도하지 않는다.
2. 시동이 꺼지면 핸들이 아주 뻑뻑해진다. 핸들을 평소보다 세게 돌려 갓길이나 안전한 장소로 이동한다.
3. 시동이 꺼진 후 브레이크는 한두 번은 평상시처럼 작동하지만, 그 후엔 매우 강하게 밟아야 겨우 제동력을 얻을 수 있다. 따라서 브레이크를 미리 밟지 말고, 최종적으로 정지할 때 사용해야 한다.

040 고속도로 주행 시 펑크가 났을 때

🚨 바로 이런 상황

고속도로에서 100km 이상으로 고속주행 시 타이어에 펑크가 났다.

🚨 중요 포인트

- 당황해서 급 브레이크를 밟으면 매우 위험하다.

🚨 대처하는 방법

1 "펑" 소리에 당황하지 말아야 한다.
2 절대 브레이크를 밟아서는 안 된다. 브레이크 사용 시 차량이 회전하면서 대형사고로 이어질 수 있기 때문이다.
3 핸들을 꼭 잡고 차가 멈출 때까지 앞을 향해 주행한다.
4 속도가 점차 줄어들면 갓길에 차를 세운다.
5 2차 사고 대비를 위해 안전조치를 하고, 갓길을 벗어나 신고한다.

Tip 고속도로 사고에 대처하는 방법

고속도로 사고는 2차 사고로 이어질 위험이 크므로 모든 조치를 신속히 행해야 한다.
1 이동이 가능한 경우라면 갓길 쪽으로 차를 세운다.
2 가드레일이나 갓길 밖으로 대피한다. 차안에 있는 모든 사람을 대피시켜야 한다.
3 뒤에서 오는 차들에 주의하면서 119나 한국도로공사(1588-2504)에 신고한다.
4 비상등을 켜고, 사고 차량으로부터 100미터 뒤에 안전 삼각대를 설치한다.

041 고속도로 주행 중 짙은 안개를 만났을 때

바로 이런 상황

고속도로 주행 중 짙은 안개가 낀 지역을 통과하게 되었다.

중요 포인트

- 전조등, 안개등, 비상등을 모두 켠다.
- 안전거리를 충분히 확보하고 저속 주행을 한다.

대처하는 방법

1. 차량의 속도를 줄인다.
2. 전조등, 안개등, 비상등을 켜고 1차선보다는 2차선, 2차선보다는 3차선을 이용해 서행한다.
3. 앞 차와의 안전거리를 충분히 확보하고 비상시를 대비해 급제동, 급가속을 삼간다.
4. 창문을 열고 청각 정보까지 활용해 운전한다.
5. 커브 길 진입 시, 경적을 울려 다른 차들이 주의하도록 한다.

042 자동차에서 연기가 날 때

바로 이런 상황
주행 중 자동차 보닛 부분에서 연기가 나거나 불이 붙었다.

중요 포인트
- 즉시 운행을 멈추고 갓길로 정차해야 한다.

대처하는 방법
1 자동차에 연기가 나거나 화재 발생 시 즉시 갓길로 이동한다.
2 갓길로 이동 후 신속히 시동을 끈다.
3 LPG 차량의 경우는 트렁크 내 연료충전밸브(녹색)를 잠근다.
4 차 안의 모든 사람들을 안전한 곳에 대피시키고 119에 신고한다.
5 소화기가 있다면 화재 진압을 시도한다.
6 진압이 여의치 않으면 신속히 대피한다.

043 터널 안에서 차량에 화재가 발생했을 때

🔔 바로 이런 상황
긴 터널 안에서 차량에 화재가 발생해 연기가 자욱하다.

🔔 중요 포인트
- 터널 내 차량 화재사고는 2차 사고와 유독가스에 대처해야 한다.

🔔 대처하는 방법
1 터널 안에서 자신의 차량에 화재가 발생했다면 비상등을 켜고 119에 신고한다.

2 터널 진입 차량들이 정지해 있고, 안전하게 진화할 수 있는 상황이라 판단되면 하차해서 진화하고 주변의 도움을 요청한다.

3 터널 내 사고에서 가장 위험한 것이 유독가스이기 때문에 유독가스 발생 전에 초기 진화를 하는 것이 중요하다.

044 대설로 인해 차량이 고립되었을 때

🔔 바로 이런 상황
주행 중 갑작스러운 폭설로 인해 도로에 차량이 고립되었다.

🔔 중요 포인트
- 차량 연료가 충분한지, 핸드폰과 차량 배터리가 방전되지 않는지에 유의한다.

🔔 대처하는 방법
1 가능한 한 차량 안에서 대기하면서 라디오 및 휴대폰 재난 문자 등을 통해 상황을 파악한다.
2 부득이 차량에서 이탈할 시에는 키를 꽂아 두고, 연락처를 남긴다.
3 인근에 가옥이나 휴게소 등이 있으면 응급환자나 노인, 아이들을 우선 대피시킨다.
4 담요나 두꺼운 옷을 이용해 체온을 유지하고 몸을 가볍게 움직여준다.
5 차량 히터 작동 시에는 환기를 위해 창문을 자주 열거나 조금 열어둔다.
6 수시로 차량 주변의 눈을 치워 배기관(머플러)이 막히지 않게 한다.
7 가능하면 잠자지 않는다. 동승자가 있다면 교대로 자되, 한 사람은 항상 주위를 살핀다.
8 제설작업 차량이나 구급차의 진입을 위해 갓길에 주정차하지 않는다.

045 엘리베이터가 추락할 때

🚨 바로 이런 상황

아파트나 빌딩의 엘리베이터가 작동 중 갑자기 추락할 조짐을 보인다.

🚨 중요 포인트

- 충돌 시 인체가 받을 수 있는 충격을 최소화해야 한다.

🚨 대처하는 방법

1. 엘리베이터 추락 조짐이 보이면, 코너를 등지고 무릎을 굽힌 상태에서 두 손으로 승강기 내의 안전 바를 넓게 잡는다.
2. 엘리베이터 벽과 10~15cm 정도 떨어진 상태에서 다리를 충분히 벌려 충격에 대비한다.
3. 비상버튼과 인터폰을 이용해 외부와 연락을 시도하거나 휴대폰으로 도움을 요청한다.
4. 무리하게 탈출을 시도하지 않는다.

046 비행기가 비상착륙할 때

🔔 바로 이런 상황

기체 이상이나 이상 기온으로 비행기가 비상착륙하는 과정에서 충돌이 예상된다.

🔔 중요 포인트

- 상반신을 최대한 낮추는 자세를 취해야 한다.

🔔 대처하는 방법

1 안전벨트는 골반 뼈에 고정한다. 복부에 고정하면 장기 파열의 위험이 있다.

2 몸과 안전벨트 사이에 담요나 쿠션을 끼워 충격을 최소화한다.

3 양팔을 교차해 머리를 감싸고 상체를 완전히 숙인다.

4 다리를 붙이고 상체를 허벅지에 밀착시킨다.

5 착륙 후, 승무원의 안내에 따라 신속히 탈출한다.

비상착륙 시 자세

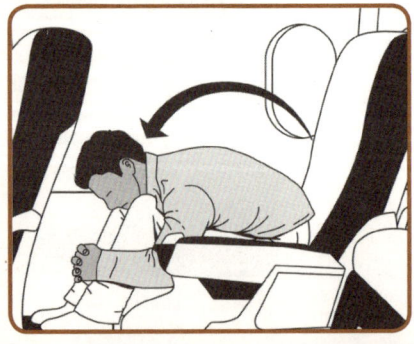

047 비행기가 강, 호수, 바다에 비상착륙할 때

바로 이런 상황

비행기가 수면 위에 추락하거나 비상착륙해야 하는 상황이 벌어졌다.

중요 포인트

- 구명조끼는 반드시 탈출 직전에 부풀린다. 만약 실수로 구명조끼를 미리 부풀렸다면 호스 입구의 플라스틱 버튼을 누르면 원상으로 회복된다.

대처하는 방법

1 비행기 비상착륙 시 다음과 같은 자세를 취한다.
2 물에 착륙 후엔 승무원의 지시에 따라 신속히 탈출한다.
3 구명조끼는 비행기에서 탈출 직전에 부풀린다.
4 물에 뛰어내릴 때는 저체온증을 막기 위해 팔짱을 끼고 구조를 기다린다.
5 구조 헬기가 구조 바구니를 내려줄 때는 반드시 물에 내려온 후에 잡아야 한다.

더 알아보기 | 저체온증을 최대한 막는 요령

체온이 떨어지면 신진대사가 원활하지 못해 신체 기능에 제한을 받고, 혈압이 급격히 떨어져 사망에 이를 수 있다. 저체온증을 막기 위해서는 피부가 물에 닿는 면적을 최소화하는 것이 필요하다.

(신체부위 별 면적 비율 : 목과 몸통 37.4%, 다리 28.9%, 팔 14.8%, 머리 7.6%)

048 비행기 내에 화재가 발생했을 때

🔔 바로 이런 상황

비행기가 비상착륙이나 동체착륙을 하다가 화재가 발생했다.

🔔 중요 포인트

- 탑승 시 미리 비상구를 숙지해두어야 한다.
- 비행기 화재 시 생존 가능한 골든타임은 90초임을 명심한다.

🔔 대처하는 방법

1 침착하게 상황을 파악한다.

2 비행기 화재 발생 후 2분이 경과하면 앞을 볼 수 없을 정도로 연기가 가득하게 되므로, 미리 비상구 위치를 확인하는 것이 아주 중요하다.

3 몸을 낮추고 젖은 손수건으로 입과 코를 막아 유독가스 흡입을 최대한 방지한 후, 비상구로 탈출한다.

더 알아보기 | 비행기 사고의 골든타임 90초!

현재까지 모든 비행기 사고를 분석해본 결과, 모든 승객이 90초 내에 탈출했을 경우 인명 피해가 거의 없었다고 한다. 비행기기 지상에 충돌하거나 화재가 난 뒤 폭발까지 약 90초가 걸리기 때문이다.

049 배가 가라앉을 때

바로 이런 상황

조난당하거나 사고가 난 배가 가라앉기 시작한다.

중요 포인트

- 탈출 전에 구명조끼는 입고, 신발은 벗는다.

대처하는 방법

1 122에 신고한 후, 재빨리 구명조끼를 입고 신발을 벗는다.
2 배가 기울기 시작하면 배가 기우는 반대 방향 갑판으로 이동한다.
3 배가 기울어지면 이동이 어려워지므로, 가능한 빨리 배 밖으로 대피한다.
4 퇴선 명령이 내려지면 구명정을 타거나 바다에 뛰어내린다.
5 최대한 체온 저하를 막기 위해 팔짱을 끼고 다리를 꼰 자세로 구조를 기다린다.

더 알아보기 | 배의 복원력과 탈출 순간!

현대의 선박들은 매우 뛰어난 첨단기술로 만들어진다. 타이타닉과 같은 영화 속의 선박 사고와는 다른 양상을 보이는 것이나. 현대 선박의 우수성은 '복원력'에 있다. 무게중심이 선박의 아래쪽에 있어 조금 기울어지더라도 오뚜기처럼 쉽게 중심을 잡을 수 있는 것은 복원력 때문이다.

하지만 배가 점점 기울어 20도 이상이 되었다면 복원력을 잃을 가능성이 크고 침몰 위기 상황이라 볼 수 있다. 배가 30도까지 기울게 되면 선내 이동이 불가능하므로 탈출이 어려워진다.

결론적으로, 선박이 20도 기울었을 때가 탈출 시점이다.

050 선박 사고가 일어났을 때

바로 이런 상황

배를 타고 가던 중 긴박한 사고를 만나 침몰 위험에 직면했다.

중요 포인트

- 구명조끼는 미리 착용하되, 배로 물이 들어와 미처 대피를 하지 못한 상황에서는 자칫 구명조끼가 장애물이 될 수도 있으므로 상황 파악을 잘하여 대처한다.

대처하는 방법

1 큰 소리로 외치거나 비상벨을 눌러 사고 사실을 알린다.

2 122(해양 사고 신고전화)에 신고한다.

3 바다로 뛰어 내리기 전에 여유가 있다면 방수가 되는 옷, 따뜻한 옷을 입는다.

4 구명조끼를 착용하되, 가능하면 탈출 직전에 착용을 한다.

5 완전히 침몰하는 배일 경우는 배로부터 멀리 떨어져 대피한다.

6 부분 침몰하는 배일 경우는 배에 매달려 구조 요청을 한다.

7 불가피하게 배에서 뛰어내려야 할 경우엔 다리를 모아 쭉 펴고 한 손은 몸에 붙이고, 다른 손으로는 입과 코를 막은 채 뛰어내린다.

Tip 주요 국가 신고전화번호

유형	신고 전화	해당 관청	해당 업무
재난	119	국민안전처	긴급재난, 화재 발생, 구급, 구조 요청
	122	국민안전처	해양 사건 및 사고 발생
안전	112	경찰청	범죄로 인한 위급상황 발생
	1544-4500	한국가스안전공사	가스로 인한 안전사고 발생
	042-481-4119	산림청	산불 발생
	1588-7500	한국전기안전공사	전기로 인한 안전사고 발생

051 구명보트를 타고 표류하는 경우

🔔 바로 이런 상황

해양사고로 구명보트나 뗏목 등을 타고 표류하게 되었다.

🔔 중요 포인트

- 담요나 의류를 최대한 활용해 낮의 더위와 밤의 추위에 대응한다.

🔔 대처하는 방법

1 담요나 의류는 절대 버리지 말고 낮에는 그늘막, 밤에는 보온 유지에 이용한다.

2 바닷물은 절대 마시면 안 된다. 비가 올 때 비닐봉투나 장화 같은 것을 이용해 물을 모아서 식수로 활용한다.

3 보트의 그늘은 물고기를 유인하는 효과가 있으므로, 신발 끈이나 옷의 올을 풀어 낚싯줄을 만들고 액세서리 등으로 바늘을 만들어 물고기를 잡아 식량으로 이용한다.

4 지나가는 항공기나 선박을 발견하면, 거울과 휴대폰을 이용해 햇빛을 반사해 구조를 요청한다.

참고자료
꼭 알아두어야 할 안전표지

⚡ 안전표지 색 및 형태의 의미

기본형태	의미 또는 목적	안전색	색의 참고값	사용 예
⊘	금지	빨강	7.5R 4/14	보행자 금지 뛰지 마시오 문에 기대지 마시오
●	지시	파랑	2.5PB 4/10	안전모 착용 안전대 착용 사용 후 전원차단
▲	주의 경고	노랑	5Y 8.5/12	보행자 주의 미끄럼 주의 틈새 주의
■	안전 피난 위생 구호	초록	2.5G 4/10	비상구 대피소 비상시 깨고 여시오
■	소방 긴급 고도위험	빨강	7.5R 4/14	소화기 소화전 비상경보

⚡ 안전 유도 표지

표지	용어	의미	적용분야
	비상구	비상 출구를 나타냄	건물, 부대시설, 공공장소 등
	대피소	비상시 대피소를 알림	공공장소, 시설, 건물, 부대시설 등
	비상시 깨고 여시오	비상시 깨고 열 것을 나타냄	공공시설, 건물, 부대시설, 교통시설 등
	의사	비상시 의사가 있는 곳을 나타냄	공공시설, 부대시설, 건물, 작업장 등
	의무실	의료서비스를 받을 수 있는 곳	건물, 부대시설, 공공장소, 안내서, 지도 등

⚡ 화재 안전 긴급 표지

표지	용어	의미	적용분야
	전기 화재용 소화기	전기 화재용 소화기를 나타냄	공공시설, 건물, 부대시설, 작업장 등
	소화기	소화기를 나타냄	건물, 부대시설, 공공장소, 교통, 교량, 터널 등
	소방호스 (소화전)	소방호스(소화전)를 나타냄	건물, 부대시설, 공공장소, 교통, 교량, 터널 등
	비상전화	비상시에 사용가능한 전화	공공장소, 건물, 부대시설, 지도, 안내서 등
	비상경보기	비상시에 사용가능한 경보시설	도로, 공공장소, 건물, 부대시설, 지도, 안내서 등

⚡ 금지 표지

표지	용어	의미	적용분야
	문에 기대지 마시오	문에 기대지 말 것을 나타냄	공공시설, 건물, 부대시설, 대중교통시설 등
	문이 닫힐 때 뛰어들지 마시오	문이 닫힐 때 뛰어들지 말 것을 나타냄	수영장, 해수욕장, 강, 바다, 계곡 등
	수영 금지	수영금지를 나타냄	관광지, 공공장소, 부대시설, 안내서 등
	야영금지	야영금지 지역임을 나타냄	지하철, 대중교통시설 등
	화기엄금	화기사용 금지를 나타냄	건물, 부대시설, 공공장소 등
	뛰지 마시오	뛰지 말 것을 나타냄	공공장소, 건물, 부대시설, 대중교통시설 등
	보행자 금지	보행자 금지를 나타냄	도로, 공사장, 부대시설 등
	물로 소화하지 마시오	물로 소화하지 말 것을 나타냄	공공장소, 공공시설, 건물, 부대시설 등
	인라인 스케이트 금지	인라인 스케이트 금지를 나타냄	도로, 관광지, 공공장소, 공공시설, 안내서 등
	어린이 금지	어린이 금지를 나타냄	공공시설, 건물, 부대시설 등

⚡ 경고 주의 표지

표지	용어	의미	적용분야
	틈새주의	틈새에 손, 발등이 끼지 않도록 주의할 것을 나타냄	공공장소, 건물, 부대시설, 대중교통시설, 공사장 등
	추락주의	추락의 위험이 있음을 나타냄	공공장소, 건물, 부대시설, 대중교통시설, 공사장 등
	미끄럼 주의 (차량)	미끄럼 주의(차량)를 나타냄	도로, 부대시설 등
	머리 위 주의	머리 위를 주의할 것을 나타냄	공공장소, 건물, 부대시설, 도로, 공사장 등
	인화성 물질 고온 경고	인화성 물질/고온 경고를 나타냄	건물, 부대시설, 작업장 등
	보행자 주의	보행자 주의를 나타냄	도로, 공공장소, 부대 시설 등
	미끄럼 주의	미끄럼 주의를 나타냄	도로, 공공시설, 건물, 부대시설 등
	계단주의	계단을 주의할 것을 나타냄	공공장소, 건물, 부대시설, 대중교통시설 등
	장애물 주의	장애물 주의를 나타냄	공공장소, 건물, 부대시설, 공사장, 대중교통시설 등
	위험/경고	위험을 경고함	도로, 공공장소, 건물, 부대시설, 공사장 등

Chapter 3 교통수단 이용 시 사고

⚡ 지시 표지

표지	용어	의미	적용분야
	안전모 착용	안전모 착용을 지시	부대시설, 작업장 등
	방독면 착용	방독면 착용을 지시함	부대시설, 작업장 등
	구명복 착용	구명복 착용을 지시함	관광시설, 수상레포츠 지역 등
	안전대 착용	안전대 착용을 지시함	부대시설, 작업장 등
	사용 후 전원차단	사용 후 전원차단을 지시함	건물, 부대시설, 작업장 등

출처 : 국민안전처 홈페이지

Chapter 04

천재지변에 의한 사고

052 지진이 발생했을 때

🔔 바로 이런 상황

진동이 느껴지면서 건물이 흔들리고 물건이 떨어지고 몸을 가누기가 힘들다.

🔔 중요 포인트

- 지진이 감지되면 가스와 전기를 우선적으로 차단한다.

🔔 대처하는 방법

1 지진이 감지되면 가장 먼저 현관문을 열어 고정시킨다. 문이 뒤틀리면 탈출 자체가 어려워지기 때문이다.

2 가스와 전기를 차단해 화재와 누전의 위험을 막는다.

3 머리를 방석 등으로 감싼 뒤, 책상이나 식탁 밑으로 대피한다.

4 건물의 흔들림이 멈추면, 운동장과 같은 넓은 공간으로 이동한다.

5 건물 밖에서는 블록 담이나 대문 기둥 등에 가까이 있지 않는다.

6 번화가나 빌딩가에서는 유리창이나 간판 등의 낙하물이 발생하기 쉬우므로, 가방 등으로 머리를 보호하면서 이동한다.

7 운전 중이라면 우측으로 정차해 긴급차량이 통행할 수 있도록 도로 중앙을 비워둔다. 정차 후 대피할 때는 차량 키를 반드시 꽂아두어야 한다.

8 만약 엘리베이터를 타고 있다면 신속하게 가까운 층에 내린 후 대피한다.

더 알아보기 | 지진의 규모와 진도

지진을 나타내는 기준에는 규모와 진도가 있다. 규모는 지진계에 기록된 지진파의 진폭을 이용해 에너지의 양을 계산한 값으로 객관적 수치다. 반면 진도는 사람이 느끼는 정도와 구조물에 미친 피해 정도에 따라 달라진다.

규모 1.0의 지진은 60톤의 폭약에 맞먹는 에너지를 가지고 있고, 지진의 규모가 1.0씩 증가할 때마다 에너지는 30배씩 증가한다고 한다.

- **규모 0~2.9(진도1)** : 대부분의 사람들이 감지하지 못하는 상태.
- **규모 3~3.9(진도2~3)** : 진동은 감지하지만 피해는 전혀 없는 상태.
- **규모 4~4.9(진도4~5)** : 물건이 흔들리지만 심각한 피해는 없음.
- **규모 5~5.9(진도6~7)** : 좁은 면적 안의 부실 건물에 손상을 입힘.
- **규모 6~6.9(진도7~9)** : 최대 160km에 걸쳐 건물 파괴.
- **규모 7~7.9(진도8 이상)** : 넓은 지역에 걸쳐 심각한 피해.
- **규모 8~8.9(진도8 이상)** : 수백 킬로미터에 걸쳐 심각한 피해.
- **규모 9 이상(진도8 이상)** : 수천 킬로미터 지역을 완전 파괴.

Tip | 지진 발생 시 화재를 예방할 수 있는 3번의 기회

1 작은 흔들림을 느낀 순간, 사용 중인 가스레인지나 난로 등의 불을 끈다.

2 큰 흔들림이 멈춘 순간, 가스나 전기를 차단할 기회가 온다. 크게 흔들릴 때 불을 끄려고 하면 스토브 위에 있는 주전자가 떨어지는 등 아주 위험한 상황이 발생한다.

3 발화되는 순간, 소화기로 진화한다. 발화가 되어도 1~2분 내이면 충분히 소화할 수 있으므로 소화기를 항상 비치해두고 사용법을 숙지해둔다.

053 지진은 멈추었는데 여진이 예상될 때

🚨 바로 이런 상황
지진이 멈추었지만, 화재와 부상자가 발생했고 여진이 예상된다.

🚨 중요 포인트
- 여진은 최초의 지진보다 진동은 작지만 지진에 의해 취약해진 건물에 치명적인 손상을 줄 수 있으므로 철저히 대비해야 한다.

🚨 대처하는 방법
1 부상자가 발생했다면 즉시 구조를 요청한다. 부상자는 옮기지 않는 것이 원칙이지만, 만약 위험해서 이동해야 할 경우엔 먼저 기도를 확보하고 머리와 부상 부위를 고정한 후 옮긴다.
2 의식을 잃은 부상자에게 물을 주어서는 안 된다.
3 부상자의 호흡이나 심장이 멈추었다면 신속하게 심폐소생술을 실시한다.
4 담요를 이용해 환자의 체온을 유지한다.
5 유리파편 등에 대비해 바닥이 튼튼한 신발을 신는다.
6 가스 냄새가 난다면 밸브를 잠근 후 창문을 열어놓고 대피하고, 관계기관(지역 도시가스회사 또는 LPG 공급회사, 한국가스안전공사, 119)에 신속히 신고한다.
7 캐비닛은 물건이 쏟아질 수 있으므로 조심스럽게 문을 연다.
8 재난뉴스를 유의해서 듣고, 해안에 거주하는 주민은 해일에 대비한다.

054 일본에서 지진 해일이 발생했을 때

바로 이런 상황

일본 서해안에 진도 7 이상의 지진이 발생해 지진해일 주의보나 경보가 내려졌다.

중요 포인트

- 지진해일 주의보는 한반도 주변지역에서 규모 7.0 이상의 해저지진이 발생했을 때, 지진해일 경보는 규모 7.5 이상의 해저지진이 발생해 피해가 예상될 때 발령된다.

대처하는 방법

1 일본 서해안에서 지진이 발생하면, 우리나라 동해안에는 60~90분 뒤에 해일이 도달하므로 해안가의 작업을 중지한다.

2 위험물(부유 가능한 물건, 충돌 시 충격이 큰 물건, 유류 등)을 고지대로 이동시킨다.

3 항내 선박은 고정시키거나 가능한 항 바깥으로 이동시키고 기상특보를 경청한다.

4 해안가에서 강한 진동을 느꼈다면 국지적인 해일의 발생 가능성이 있다. 약 2~3분 이내에 해일이 내습할 수 있으므로 해일경보가 없더라도 신속히 고지대로 이동한다.

055 태풍 경보가 내려졌을 때

🔔 바로 이런 상황
강풍과 폭우를 몰고 오는 강력한 태풍의 경로 안에 들어 있다.

🔔 중요 포인트
- 건물의 간판 아래, 고층건물 옥상, 지하실과 맨홀 근처에는 가지 않는다.

🔔 대처하는 방법
1 노약자는 가급적 외출을 자제한다.
2 지하나 붕괴 우려가 있는 노후건물의 주민은 안전한 곳으로 대피한다.
3 침수가 예상되는 건물의 지하공간에는 주차하지 않는다.
4 건물의 간판 아래나 위험한 시설물 주변에는 가지 않는다.
5 태풍이 오기 전에 베란다 전체 유리창에 물을 뿌려가며 신문지를 붙인다.
6 유리창에 테이프를 붙일 때는 유리가 창틀에 고정되어 흔들리지 않도록 한다.
7 모래주머니 등을 이용해 집안에 물이 들어오는 것을 막는다.
8 바람에 날아갈 물건이 집 주변에 있다면 미리 치워놓는다.

> **Tip 태풍 불 때 테이프보다 신문지!**
>
> 초속 40m의 강풍이 불 경우, 창문이 깨지는 것을 대비하려면 테이프보다는 젖은 신문지를 유리창에 붙이는 것이 효과적이다.

> 더 알아보기 **강풍, 호우 시 장소별 대처요령**

집에서

노약자나 어린이는 외출을 삼가고, 방송을 통해 기상상황을 청취하고 축대나 담장이 무너질 염려가 없는지 확인한다.

길에서

천둥 번개가 칠 때는 우산을 쓰지 말고 전신주, 큰 나무 밑을 피하여 큰 건물 안으로 대피한다. 물에 잠긴 도로는 가급적 피하고 조그만 개울이라도 건너지 말며 안전한 도로를 이용한다.

도로에서

물에 잠긴 도로나 잠수교를 피하고 저단 기어로 운행하며, 하천변에 주차하지 않는다.

공사장에서

작업을 중지하고 파손될 우려가 있는 기자재들을 안전한 곳으로 옮긴다. 굴착한 웅덩이가 무너지지 않도록 점검하고, 하천을 횡단하는 공사장에서는 수위 상승에 대비해 차량 통제 등 필요한 조치를 취한다.

풍속에 따른 피해

- 초속 15미터 : 건물에 붙어 있는 간판이 떨어져나감.
- 초속 25미터 : 지붕이나 기왓장이 뜯겨 날아감.
- 초속 30미터 : 부실하게 지어진 건물 붕괴.
- 초속 40미터 : 사람은 물론 커다란 바위까지 날아감.
- 초속 50미터 : 콘크리트로 만든 집 붕괴.

출처 : 국가재난정보센터 홈페이지

056 농어촌 지역에 태풍이 왔을 때

바로 이런 상황
도시가 아닌 농어촌과 산간지역에서 태풍에 대비해야 한다.

중요 포인트
- 교량을 이용할 때는 반드시 안전을 확인한 후 건너가야 한다.

대처하는 방법
1 모래주머니 등을 이용해 하천 물이 범람하지 않도록 해 농경지 침수를 예방한다.
2 농기계나 가축 등은 안전한 장소로 옮긴다.
3 비닐하우스, 인삼재배시설 등은 단단히 묶어둔다.
4 바닷가의 저지대 주민들은 안전한 곳으로 대피한다.
5 태풍이 불 때는 논둑을 점검하거나 선박을 묶는다는 이유로 밖에 나가지 않는다.
6 산사태가 일어날 수 있는 비탈면 근처에 가까이 가지 않는다.
7 교량은 반드시 안전한지 확인한 후에 이용한다.

057 홍수 경보가 내려졌을 때

🔔 바로 이런 상황

이미 많은 비가 내렸는데, 홍수경보가 발령되었다.

🔔 중요 포인트

- 대피장소를 미리 알아두고 긴급한 상황 발생 시 신속히 대피한다.

🔔 대처하는 방법

1 피해가 예상되는 지역이라면, 물이 집안으로 들어오는 것을 막기 위해 모래주머니나 튜브 등을 준비해 둔다.

2 침수나 범람이 되었을 때 피난 가능한 장소를 미리 알아 둔다.

3 산사태가 일어날 수 있는 지역에 가까이 가지 않는다.

4 바위나 자갈이 흘러내리기 쉬운 비탈면 지역의 도로 통행을 삼간다.

5 하수도로 물이 역류하면 전기차단기를 내리고 가스 밸브를 잠근다.

6 침수된 주택은 가스 및 전기차단기기 내려가 있는지 확인하고, 전문가의 안전 점검이 끝난 후 들어간다.

7 침수된 지역에서는 자동차 이용을 삼간다.

058 폭설 시 산에서 길을 잃었을 때

바로 이런 상황
겨울 산행을 하다가 갑자기 폭설을 만나 길을 잃었다.

중요 포인트
- 눈길 산행은 쉽게 지치므로 탈진하지 않도록 체력을 아낀다.

대처하는 방법
1. 폭설이 내리면 우선 산행을 멈춘다.
2. 대부분의 경우에 왔던 길로 되돌아가는 것이 최선책이다.
3. 가까운 산장이나 대피소로 이동한다. 여의치 않는 경우라면 잠시 몸을 쉴 곳을 찾아 119에 조난신고를 한다.
4. 폭설 시 산행은 많은 에너지가 소모되므로 탈진과 저체온에 빠지지 않도록 주의한다.
5. 방심은 금물이다. 평소 잘 알던 루트라도 과신하면 안 된다.

059 황사가 발생했을 때

바로 이런 상황

황사주의보나 경보가 내려진 상황에서 시야가 뿌옇게 흐려지고 눈과 코가 불편하다.

중요 포인트

- 평소보다 물을 자주 마시고 공기정화기와 가습기를 사용해 실내공기를 쾌적하게 유지한다.

대처하는 방법

1 황사가 들어오지 못하도록 창문을 잘 닫고, 노약자와 호흡기질환자들은 실외활동을 삼간다.

2 가능한 한 외출을 피하고 외출 시엔 보호안경, 마스크, 긴소매 의복을 착용한다.

3 귀가 후에는 손발을 깨끗이 씻고 양치질을 한다.

4 물을 자주 마시고 공기정화기와 가습기를 이용해 실내공기를 쾌적하게 유지한다.

5 황사에 노출된 채소, 과일, 생선 등은 충분히 씻은 후 먹는다.

6 2차 오염을 방지하기 위해 식품 가공, 조리 시 손을 철저히 씻는다.

참고자료

재난안전정보 포털 앱 '안전디딤돌'

'안전디딤돌'은 11개 기관 15개 재난안전정보를 통합 연계하여 앱 하나만 설치하면 다양한 재난안전정보 서비스를 받을 수 있도록 만들어진 스마트폰 어플리케이션이다. QR코드를 스캔하면 아이폰과 안드로이드폰 계열 모두 다운로드 받을 수 있다.

⚡ 비상시 국민행동요령

초기화면 → 국민행동요령 → 민방위(비상사태/민방공/화생방무기/비상대비물자)

인트로 화면

초기화면 → 국민 행동 요령

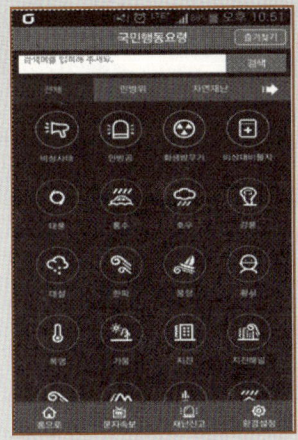
민방위 → 아이콘 터치

비상시 국민행동요령

⚡ 내 주변 대피소 위치 찾기(GPS 활성화)

초기화면 → 민방공대피소 → 현재위치조회

인트로 화면

초기화면 → 민방공대피소

Chapter 4 천재지변에 의한 사고

현재위치 조회

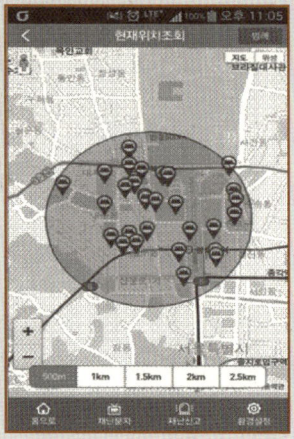
내 주변 대피소 위치

안전디딤돌 다운로드

출처 : 국민안전처 홈페이지

Chapter 05

야외에서의 사고

060 산에서 길을 잃었을 때

🚨 바로 이런 상황

산행을 하다가 길을 잃어서 어디로 가야 할지 전혀 알 수가 없다.

🚨 중요 포인트

- 깊은 산속에서 길을 잃었을 때는 가능한 왔던 길로 되돌아가는 것이 좋다.

🚨 대처하는 방법

1 만약 되돌아가다 다시 길을 잃었다면 스마트폰의 '119신고앱'을 이용해 구조를 요청한다. 119 구조대원이 GPS를 활용해 쉽게 찾을 수 있다.

2 구조대와 연락이 되면 자신의 위치를 알린다. 위치를 모른다면 눈에 띄는 곳에서 옷을 흔들어 구조를 요청한다.

3 구조가 힘든 상황이라면 계곡을 따라 하산을 시도한다.

4 절대 당황하지 않고, 별자리나 스마트폰 앱 나침반을 이용해 방향을 잡는다.

5 저체온증에 대비해 땀이 난 옷을 갈아입는다.

6 밤이 되어도 구조대가 오지 않는다면 바람이 불지 않는 바위 아래 적당한 곳을 찾아 밤을 보내야 한다. 가능한 체력을 보존하면서 체온 유지에 힘쓴다.

061 산에서 멧돼지를 만났을 때

🚨 바로 이런 상황

산행을 하다가 갑자기 멧돼지를 만나게 되었다.

🚨 중요 포인트

- 소리를 지르거나 공격적인 자세를 취해 멧돼지를 자극하지 말아야 한다.
- 멧돼지는 청각과 후각이 발달한 반면, 시각이 나쁘며 빨간색을 싫어한다.

🚨 대처하는 방법

1 멧돼지와 맞닥뜨렸을 때는 등을 보이고 달아나지 않는다.

2 소리를 지르거나 돌을 던지지 않는다.

3 멧돼지의 눈을 피하지 말고 똑바로 응시하고 움직이지 않는다.

4 멧돼지가 흥분해 자신을 향해 달려온다면, 큰 바위나 나무 뒤에 숨는다.

5 위급한 상황이라면 가까운 나무 위로 올라간다.

062 벌집을 건드려 벌들이 공격해 올 때

바로 이런 상황

벌초 중, 혹은 야외 캠핑을 하다 실수로 벌집을 건드렸다.

중요 포인트

- 벌은 공격 대상물의 가장 높은 곳을 공격하는 습성이 있으므로 머리를 최대한 낮춘다.
- 소리를 지르고 팔을 휘젓는 행동은 벌떼를 자극한다.

대처하는 방법

1 벌들이 공격해 올 때는 당황하지 말고, 최초 공격받은 지점으로부터 20m 이상 벗어나는 것이 중요하다.

2 팔을 휘젓거나 옷을 벗어 흔드는 행동은 절대 해서는 안 된다.

3 벌집으로부터 멀어진 후, 머리와 얼굴을 감싼 채 머리를 낮추고 엉덩이를 높이는 자세를 취해 벌떼가 지나가기를 기다린다.

063 벌에 쏘였을 때

🔔 바로 이런 상황

집 근처나 야외에서 벌에 쏘였다.

🔔 중요 포인트

- 환자의 증상이 심각하다면 지체 없이 응급조치(심폐소생술)를 취하고 119에 신고한다.

🔔 대처하는 방법

1 환자를 안전한 곳으로 옮긴다.

2 벌침이 피부에 박혀 있다면, 신용카드 같은 것을 이용해 긁어주면서 제거한다. 핀셋이나 손가락을 이용해 침의 끝부분을 집어서 제거하려다가 침이 부러지면 위험할 수 있다.

3 벌이 쏘인 자리를 비누와 물로 씻어 2차 감염을 예방한다.

4 쏘인 부위에 찬물이나 얼음찜질을 해준다.

5 쏘인 부위에 가려움증과 통증만 있는 국소적 증상인 경우, 스테로이드연고(항히스타민제)를 발라준다.

6 피부가 창백해지고 식은땀이 나는 증세, 두통, 어지럼증, 구토, 호흡곤란, 경련 및 의식저하 등의 전신성 과민반응이 나타나는 경우에는 즉시 필요한 응급조치(심폐소생술)를 시행하면서 119에 신고한다.

064 야외에서 천둥 번개가 칠 때

바로 이런 상황

등산이나 캠핑을 하고 있는데 갑작스럽게 천둥 번개가 요란하다.

중요 포인트

- 큰 나무 밑이나 바위 위는 벼락이 떨어질 가능성이 크므로 피해야 한다.
- 숲의 가장자리보다는 숲속에 있는 것이 더 안전하다.

대처하는 방법

1 번개가 친 후 30초 이내에 천둥소리가 들리면, 신속히 안전한 장소로 대피한다. 약 10km 이내에 벼락이 떨어질 우려가 있다.
2 산행 중이라면 산행을 중단하고 움푹 파인 곳이나 동굴이 있는 곳으로 대피한다.
3 바위 위나 키 큰 나무 밑은 벼락이 떨어질 수 있으니 피해야 한다.
4 등산용 스틱이나 우산 같이 긴 물건은 몸에서 떨어뜨려 놓는다.
5 번개가 칠 때는 서 있거나 엎드리지 말고 쪼그려 앉는다.

065 성냥 없이 불을 피워야 할 때

🚨 바로 이런 상황

불을 피워야 하는 절박한 상황에서 성냥이나 라이터가 물에 젖어 사용할 수 없다.

🚨 중요 포인트

- 잘 마른 부싯깃을 모으는 것이 가장 중요하다.

🚨 대처하는 방법

1 마른 나무, 마른 헝겊, 야자수의 잎, 잘게 찢은 나무껍질, 새 둥우리 등 부싯깃을 준비한다.

2 카메라, 쌍안경, 망원경, 휴대폰 등을 이용해 태양열을 부싯깃에 모이게 한다.

3 태양열을 이용할 수 없는 경우엔 부싯돌을 이용한다. 부싯깃 가까이에 대고 칼날이나 쇠붙이로 돌을 스쳐 불꽃을 일으키면 된다.

4 위의 방법이 여의치 않다면, 마찰열을 이용해 불을 붙인다. 이 방법은 아주 어렵기 때문에 최후에 사용해야 한다.

Tip 마찰열로 불을 붙이는 방법

우선 구두끈이나 그 밖의 줄을 이용해 튼튼한 활을 만든다. 부드럽고 마른 나무꼬챙이 끝에 나무판자를 대고 나무꼬챙이를 활에 감아서 딱딱한 나무에 세운 뒤 송곳을 사용하듯 돌린다. 그러면 검은 숯가루가 생기고 마침내 연기가 나면서 불티가 생긴다. 그 위에 부싯깃을 얹으면 불이 일어난다.

066 독버섯을 먹었을 때

🚨 바로 이런 상황
산이나 야외에서 식용버섯인 줄 알고 독버섯을 섭취했다.

🚨 중요 포인트
- 독버섯은 섭취 후 30분~12시간 내에 증상이 나타난다.
- 검증되지 않은 민간요법을 사용하지 않는다.

🚨 대처하는 방법
1. 확인되지 않은 버섯을 먹은 후 구토, 설사, 메스꺼움, 두통의 증상이 나타나면 즉시 병원으로 간다.
2. 버섯을 먹고 구토 증세를 일으킨다면 구토를 하도록 유도하고 119에 신고한다. 소금물을 먹이면 토하는 데 도움이 된다.
3. 병원 이송 시에는 반드시 문제를 일으킨 버섯을 가지고 간다.

067 독초를 먹었을 때

🚨 바로 이런 상황
독초를 산나물로 착각하고 먹었다.

🚨 중요 포인트
- 강력한 독초는 섭취 후 2시간 내에 사망할 정도로 매우 위험하므로 신속하게 119에 신고한다.

🚨 대처하는 방법
1 확인되지 않은 산나물을 먹고 구토와 설사, 경련, 마비가 일어난다면 즉시 119에 신고한다.

2 응급차가 오기 전에 먹었던 독초를 토하도록 유도하고, 따뜻한 물을 먹인 후 병원으로 이송한다.

3 의식을 잃었다면 절대 토하게 해서는 안 된다.

4 병원에 갈 때는 문제가 되었던 독초를 가지고 간다.

더 알아보기 | 독초의 일반적 특징

1 빛깔이 화려하다(석산, 독빈도리 등).
2 잎이나 줄기에서 불투명한 황색과 백색의 즙이 나온다(애기똥풀, 죽사초 등).
3 모양이 기묘하다(버섯의 경우).
4 이상야릇한 냄새와 맛이 난다.
5 잎에 벌레가 붙어 있지 않다.

068 산불을 만났을 때

바로 이런 상황
산행을 하거나 산나물 등을 채취하다가 산불을 만났다.

중요 포인트
- 산불이 났을 때 산 위로 대피하는 것은 아주 위험하다.

대처하는 방법
1 119에 구조를 요청한다.
2 산불은 바람을 타고 번지므로 바람의 반대 방향으로 움직인다.
3 낮은 지대, 수풀이 적은 지역, 도로나 바위가 있는 곳으로 이동한다.
4 대피할 여유가 없다면 낙엽, 나뭇가지 등 탈 것이 적은 곳을 골라 낙엽과 마른 풀 등을 긁어낸 후 얼굴을 가리고 불길이 지나갈 때까지 엎드려 있는다.
5 온몸을 물에 적셔둔다.

Tip 산불이 민가로 번져 내려오고 있다면?

1 불이 집으로 옮겨 붙지 못하도록 문과 창문을 닫고, 집 주위에 물을 뿌려 놓는다.
2 가스통, 기름통, 장작 등 화재에 취약한 물건을 치운다.
3 가축들을 논, 밭, 학교 공터 등으로 대피시킨다.

069 등산 중 저체온증이 왔을 때

바로 이런 상황
겨울 산행 중 체온이 떨어져 마비 증상과 어지럼증이 시작되었다.

중요 포인트
- 저체온증이란 체온이 35도 이하의 상태를 말한다.
- 젖은 옷을 벗고 마른 옷으로 신속히 갈아입혀야 한다.

대처하는 방법
1 환자를 추위나 바람에 노출된 장소에서 안전한 장소로 옮긴다.
2 젖은 옷을 벗기고 따뜻한 옷으로 갈아입힌다.
3 마른 담요나 따뜻한 옷으로 감싸준다.
4 환자의 몸을 주물러주어 체온을 올린다.
5 의식이 있는 환자에겐 따뜻한 물과 고열량의 음식을 제공한다.
6 32도 아래로 체온이 떨어질 경우, 의식을 잃을 수 있으므로 가능하면 빨리 병원으로 이송한다.

070 산에서 골절이 되었을 때

🚨 바로 이런 상황

등산을 하다가 추락사고를 당했거나 넘어져서 골절이 되었다.

🚨 중요 포인트

- 골절된 상태에서는 절대 움직여서는 안 된다.

🚨 대처하는 방법

1 119에 우선 신고한다.

2 응급 헬기가 올 때까지 안정을 취하고 체온이 떨어지지 않도록 주의한다.

3 만약 동행자가 골절이 되었다면 응급조치로 부목을 만들어 상처 부위를 고정해준다.

4 환자를 헬기로 이송할 수 없는 상황이라면 상처 부위를 부목으로 단단하게 고정한 후, 들것을 만들어 조심스럽게 이동한다.

Tip 등산 사고 예방 요령

산행은 아침 일찍 시작해 해지기 한두 시간 전에 끝낸다.

- 하루 8시간 정도 산행하고, 체력의 30%는 비축한다.
- 배낭을 잘 꾸리고, 손에는 가급적 물건을 들지 않는다.
- 등산화는 발에 잘 맞고 통기성과 방수가 잘 되는 것을 신는다.
- 산행 중에는 한꺼번에 많이 먹지 말고, 조금씩 자주 섭취한다.
- 길을 잘못 들었을 때는 왔던 곳으로 되돌아간다.
- 길을 잃었을 때는 계곡을 피하고, 능선으로 올라간다.
- 2인 이상 등산하고 일행 중 가장 체력이 약한 사람을 기준으로 맞춘다.
- 보폭을 너무 넓게 하지 말고 일정한 속도로 걷는다.
- 등산화 바닥 전체로 지면을 딛으면서 안전하게 걷는다.

출처 : 국가재난정보센터 홈페이지

071 야영을 하다가 계곡물이 불었을 때

바로 이런 상황

여름철 계곡에서 야영 중이었는데 갑자기 계곡물이 불어나 탈출해야 한다.

중요 포인트

- 계곡물은 생각보다 빠르게 불어나기 때문에 시간을 지체하면 안 된다.

대처하는 방법

1 물이 불어난 계곡을 직접 건너는 것보다는 우회하는 방법을 선택한다.
2 물살이 빠르고 물이 깊다면, 건너는 것을 포기하고 구조를 기다린다.
3 계곡을 꼭 건너야 할 상황이면 폭이 좁은 상류, 그리고 최대한 계곡 바닥이 잘 보이는 곳을 선택한다.
4 건널 때는 바닥을 끌 듯이 이동하고, 직선이 아닌 하류 방향으로 비스듬히 건넌다.
5 계곡을 건너다 바위를 만나면 빙 돌아서 건넌다.
6 우산이나 긴 막대를 이용해 깊이를 가늠하면서 이동한다.
7 여러 사람이 함께 건너야 할 경우엔 서로 손을 맞잡거나 앞사람의 어깨를 잡고 건넌다.
8 로프가 있는 경우는 로프를 이용하여 계곡 양편에 안전 로프를 설치하여 잡고 건넌다.

Tip 안전을 지켜주는 로프 활용법

야외활동 시 10미터 정도의 로프를 휴대하면 긴요하게 쓸 수 있다. 개인당 10미터 정도면 사람 수에 따라 몇 십 미터의 로프도 만들 수 있기 때문이다.

072 뱀에 물렸을 때

🚨 바로 이런 상황
캠핑, 등산을 하다가 독사에게 물렸다.

🚨 중요 포인트
- 만약 구조자의 입에 상처가 있다면, 물린 상처를 입으로 빨아내는 것은 대단히 위험하다.

🚨 대처하는 방법
1 물린 부위를 심장보다 낮게 하여 환자를 눕히고 안정시킨다.

2 팔을 물렸다면 반지와 시계 등을 빼준다.

3 물린 부위를 나뭇가지 등으로 고정하고, 젖은 천으로 상처 부위를 닦아낸다.

4 물린 부위에서 5~10cm 떨어진 곳(심장 쪽에 가까운 부위)을 넓은 끈이나 손수건으로, 손가락 하나가 지나갈 수 있을 정도의 강도로 묶어준다.

5 묶어주는 방법은 독사에게 물린 후 30분 이내에만 사용해야 한다.

6 물린 부위를 칼로 찢거나 독을 빨아내는 행동은 하지 않는다.

7 환자에게 먹거나 마실 것을 절대 주지 않는다.

8 신속하게 병원으로 이송한다.

073 고산병에 걸렸을 때

🚨 바로 이런 상황

2000m 이상 고지대를 등산하거나 여행하는 중에 두통, 호흡곤란, 구토, 무기력 증상이 나타났다.

🚨 중요 포인트

- 고산병은 주변의 환경에 대해 인체가 적응하지 못해 일어나는 현상이므로, 몸이 환경에 적응할 동안 기다리는 것이 정답이다.

🚨 대처하는 방법

1 산행 중간 중간에 충분한 휴식을 취한다.
2 천천히 행동하고 깊은 심호흡을 자주한다.
3 물을 자주 마셔 탈수가 일어나지 않도록 주의한다.
4 몸을 따뜻하게 유지한다.
5 시간이 지나도 증상이 완화되지 않으면 즉시 하산한다.

> **Tip** 고산지대 여행 시 유의사항
>
> 고산지대를 여행할 때는 일정을 여유 있게 잡아야 한다. 또 처음 도착해서 이상 증상이 나타나지 않는다고 음주나 흡연, 무리한 산행을 해서는 안 된다. 고산병의 증상이 조금 늦게 나타날 수도 있기 때문이다.

074 수영하다 다리에 쥐가 났을 때

바로 이런 상황

바닷가, 강 등 야외나 실내 수영장에서 수영하다가 갑자기 다리에 쥐가 났다.

중요 포인트

- 장단지에 쥐가 나는 즉시 엄지발가락을 발등 쪽으로 잡아 당겨, 발바닥과 장단지 근육이 펴지도록 한다.

대처하는 방법

1 주변에 도움을 요청할 수 있다면 물 밖으로 신속히 나와 다리를 주무른다.
2 주변에 아무도 없다면 침착하게 숨을 고르고 근육에 힘을 주지 않도록 한다.
3 물속에서 쥐가 난 부위를 잘 주물러준다.
4 장딴지에 쥐가 났다면, 무릎을 곧게 펴고 엄지발가락을 발등 쪽으로 잡아당긴다.
5 허벅지 뒤쪽 통증은 무릎을 똑바로 펴고, 허벅지 앞쪽 통증은 무릎을 구부린 상태에서 주물러 풀어준다.
6 물 밖으로 나왔다면 따뜻한 수건을 이용해 근육을 풀어준다.

075 물에 빠진 사람을 건졌을 때

바로 이런 상황

호수, 강, 바다, 실내수영장에서 어떤 이유로 물에 빠진 사람을 건져냈다.

중요 포인트

- 주변 사람에게 119 신고를 요청하고, 신속하게 응급조치를 취한다.

대처하는 방법

1 물에 빠진 사람을 발견한 즉시 119에 신고한다.

2 의식이 있는 상태라면 젖은 옷을 벗긴 후 마른 옷으로 갈아입힌다.

3 깨끗한 수건 등으로 몸을 감싸주어 체온이 떨어지는 것을 막는다.

4 의식이 없고 구토를 했거나 하는 경우라면, 눕힌 상태에서 머리를 돌려 이물질이 목에 걸려 있는지 확인하고 기도를 유지한다.

5 호흡정지 상태라면 구조 호흡을 시행한다. 환자의 코를 막은 다음, 환자의 가슴이 올라가는 것이 보일 정도로 숨을 깊게 불어넣는 행동을 2회 반복한다.

6 구조 호흡에 반응이 없다면 심폐소생술을 실시한다.

7 119 대원이 도착하면 신속하게 인계한다.

076 급류나 쓰나미를 만났을 때

바로 이런 상황

급류나 쓰나미에 휩쓸려 떠내려가게 되었다.

중요 포인트

- 당황하지 말고 물살에 몸을 맡긴다는 느낌으로 수영한다.

대처하는 방법

1 침착함을 유지한다.
2 물을 거스르려고 하지 말고, 물의 방향으로 순응하며 급류를 탄다.
3 가까운 아래 방향이 아니라, 먼 아래 방향을 향해 내려간다.
4 대각선 아래 방향으로 급류를 타면서 수영한다.
5 육지에 닿으면 신속히 탈출한다.

더 알아보기   **쓰나미의 전조 현상**

- 평소 보지 못했던 이상한 형태의 구름이 나타난다.
- 바람이 갑자기 고요하게 멈춘다.
- 바다와 이어진 지하수나 우물의 수위가 변한다.
- 땅이 흔들리고 바다가 끓는 느낌이 든다.
- 새떼들이 무리 지어 산이나 육지 쪽으로 날아온다.
- 어획량이 갑자기 증가한다.
- 뱀, 개구리, 거북, 쥐 등 동물들이 산으로 올라간다.

077 강의 얼음이 깨져 빠졌을 때

바로 이런 상황

겨울철 낚시나 캠핑을 하다가 얼음이 언 강이나 저수지에 빠졌다.

중요 포인트

- 0도의 얼음물에서 생존할 수 있는 시간은 15분, 11도의 물에서는 1~2시간이다.

대처하는 방법

1 침착함을 유지하고 빠진 즉시 올라오려고 하지 않는다.

2 매달려 있는 얼음 가장자리 밑으로 몸이 구부러져 들어가지 않도록 허리를 편다.

3 발차기를 시도하여 물 밖으로 나오도록 한다. 열쇠 같은 뾰족한 도구를 이용하면 더 쉽게 나올 수 있다.

4 얼음이 다시 깨지더라도 당황하지 않고 위의 행동을 반복한다.

5 밖으로 나오는 데 성공했다면, 몸을 굴려서 탈출한다.

Tip **겨울철 바다에 빠졌을 때**

체온을 유지하기 위해 팔짱을 끼거나 다리를 꼰 자세를 취한다. 여러 사람이 있다면 서로 껴안는다. 주변에 나무판자나 부유물이 있다면 그 위로 올라가고, 옷이 젖었더라도 절대 벗으면 안 된다.

078 얼음에 빠진 사람을 발견했을 때

🚨 바로 이런 상황

겨울철 해빙기에 호수가 강에서 얼음이 깨져 물에 빠진 사람을 발견했다.

🚨 중요 포인트

- 절대 얼음물에 뛰어들면 안 되고, 주변에 활용할 수 있는 도구를 찾는다.

🚨 대처하는 방법

1 119에 신속하게 신고한다.

2 얼음에 빠진 사람을 구조할 수 있는 긴 나뭇가지나 로프 등을 찾는다.

3 물에 빠진 사람을 진정시키고, 발차기를 통해 물 밖으로 탈출하도록 유도한다.

4 물에 빠진 사람이 물 밖으로 무사히 탈출하면 안전한 곳으로 옮긴다.

5 젖은 옷을 갈아입히거나 깨끗한 수건 등으로 몸을 감싸 저체온증을 막는다.

079 해파리에 쏘였을 때

🚨 바로 이런 상황
바다에서 수영을 하다가 해파리에 물렸다.

🚨 중요 포인트
- 절대로 긁거나 민물로 씻어내서는 안 된다.

🚨 대처하는 방법
1. 환자를 즉시 물 밖으로 나오게 한 후, 119에 신고한다.
2. 만약 의식불명, 호흡곤란 등의 상황이 발생하면 심폐소생술을 실시한다.
3. 절대 긁거나, 민물로 씻어내서는 안 되고, 얼음팩이나 찜질팩, 마사지 등은 절대 금물이다.
4. 해파리의 독은 미지근한 바닷물로 닦아내어 제거해야 한다. 촉수는 직접 손으로 떼어내지 말고 반드시 장갑을 이용해 제거한다.
5. 촉수를 다 떼어낸 후에는 가능한 빨리 상처 부위에 식초를 30초 이상 뿌린다.
6. 식초를 뿌린 후 30분 정도 기다리다가 남아 있는 자포를 제거한다.
7. 해파리의 자포는 면도크림이나 베이킹파우더 등을 바르면 쉽게 제거된다. 면도칼이나 신용카드 같은 것으로 살살 긁어내면 된다.

Tip 해파리에 쏘인 후 병원에 가야 할 때
해파리에 쏘이면 상처 부위가 마치 채찍을 맞은 듯한 자국이 남으며 심하게 붓는다. 두통이나 메스꺼움, 구토, 호흡곤란 등의 증상이 나타날 수 있으며, 심한 경우 쇼크 상태에 빠질 수 있으니 신속한 조치가 필요하다.

080 헬기에 구조를 요청했을 때

바로 이런 상황

산간이나 해변에서 긴급 상황이 발생해 헬기에 구조를 요청했다.

중요 포인트

- 헬기에 구조 요청을 할 때는 손을 흔드는 것이 아니라, 양손을 45도로 V자 신호를 보내야 한다.

대처하는 방법

1 낮에는 불을 피워 연기로 알리고, 밤에는 불빛으로 신호를 보낸다.

2 낮이라면 불빛보다는 연기가 많이 나야 하므로, 불을 피울 때 밑 부분에 잘 타는 나무를 놓고 윗부분에 건조되지 않은 풀을 올려놓으면 된다.

3 SOS 신호를 보낸다. 길게 3번, 짧게 3번, 길게 3번 불빛을 나뭇잎으로 가렸다 보여주면 구조신호가 된다.

4 해안가라면 모래사장에 SOS라고 크게 써놓는다.

081 외딴 곳에서 길을 잃었을 때

바로 이런 상황
인적이 없는 외딴 곳에서 길을 잃었다.

중요 포인트
- 주변에 전신주가 있는지 확인한다.

대처하는 방법
1. 만약 응급환자가 있다면 응급조치를 하고 119에 신고한다.
2. 트인 곳, 높은 곳으로 이동해 구조를 요청한다.
3. 숲속에 나무가 울창한 지역이나 넓은 들판이라면 주변 색과 다른 빨간색, 흰색의 옷을 나무에 매달아 흔든다.
4. 주변에 전신주가 있다면, 전주의 번호를 확인해 신고하면 신속하게 구조될 수 있다. 전국의 110만 개 전신주에는 고유번호가 붙어 있다.

> **Tip** 아이들에게 꼭 알려주어야 할 것
>
> 아이가 길을 잃었을 경우를 대비해 아이에게 전신주를 찾아 번호를 확인하는 방법을 미리 알려주면 미연의 사고를 방지할 수 있다.

Chapter 5 야외에서의 사고

참고자료
황사보다 무서운 미세먼지 주의보

⚡ 미세먼지란?

미세먼지(PM : Particulate Matter)는 지름이 10㎛(마이크로미터) 이하, 초미세먼지는 2.5㎛ 이하인 먼지를 말한다. 모두 호흡기질환을 일으키지만 특히 초미세먼지가 위험하다. 머리카락 굵기의 100분의 1 정도밖에 되지 않아 코나 기도에서 걸러지지 않고 몸속 깊숙이 침투하기 때문이다.

⚡ 미세먼지가 인체에 미치는 영향

미세먼지는 우리의 눈, 코, 입을 통해 침투한다.
알레르기성 결막염, 각막염은 물론 알레르기성 비염의 원인이기도 하다. 2.5㎛ 미만 초미세먼지는 우리의 폐 깊숙한 곳에 들어가 폐포에 흡착되므로 기관지염, 폐기종, 천식을 유발할 수도 있어 아주 위험하다.

⚡ 미세먼지를 막아주는 특별한 마스크

황사는 물론이고 미세먼지를 막기 위해서는 인증된 마스크를 써야 한다. 마스크의 성능은 KF(Korea Filter)와 숫자로 표시되는데, KF80 이상의 제품을 선택하면 된다. 80의 의미는 0.04~1μm(마이크로미터) 초미세먼지의 80% 이상을 차단하는 성능을 표시하는 것이다.

출처 : 국민안전처 책자

# Part 02

불행을 막아주는 안전사고 예방 대책

Chapter 01

사고 예방

082 물놀이 사고 예방

중요 포인트

- 준비운동을 한 다음 다리부터 서서히 들어가도록 한다.
- 껌을 씹거나 음식물을 입에 넣은 채 수영하지 않는다. 질식의 위험이 있다.

유비무환 안전 매뉴얼

1 준비운동은 손발, 팔다리의 경련을 방지해주므로 필히 하도록 한다.

2 심장에서 먼 부분(다리, 팔, 얼굴, 가슴의 순서)부터 물에 적신 후 들어간다.

3 수영 도중 몸에 소름이 돋거나 피부가 당겨지는 느낌이 들면 곧바로 휴식을 취한다.

4 수영을 잘 하는 사람이 미리 지형을 파악한 후 수영한다.

5 물의 깊이는 일정하지 않으므로 얕은 물이라고 방심하지 않는다.

6 배가 고픈 상태거나 식사 직후에는 수영하지 않는다.

7 자신의 수영 실력을 과신해 무리한 행동을 하지 않는다.

8 물에 빠진 사람을 발견하면, 수영에 자신이 있더라도 함부로 뛰어들지 말고 반드시 도구(장대, 튜브, 스티로폼)를 이용한다.

083 캠핑장 사고 예방

중요 포인트
- 소화기 위치, 대피로 위치 등을 캠핑 전에 미리 확인해 두어야 한다.

유비무환 안전 매뉴얼

1 강풍이 불 때는 텐트 폴대나 팩이 빠지면서 부상을 당할 우려가 있으므로, 설치 시부터 단단히 고정시킨다.

2 텐트 내에서 질식사 및 화재의 원인이 되는 화기는 절대 사용하지 않는다.

3 침낭이나 두꺼운 점퍼 등 체온을 유지할 수 있는 의류 등을 넉넉히 준비한다.

4 화로를 이용해 바비큐 요리 등을 했다면 불씨를 확실히 확인하고, 숯불 등의 잔불이 없는지 확인한다.

5 화재에 대비해 소화기(방화사) 등의 위치를 미리 확인해 둔다.

6 흡연은 반드시 흡연구역 내에서 하고 담배꽁초는 확실히 끈다.

7 긴급 상황 발생 시 캠핑장 내 대피할 수 있는 고지대와 대피로 등을 미리 확인한다.

084 어린이 엘리베이터, 에스컬레이터 사고 예방

중요 포인트

- 아이들은 엘리베이터나 에스컬레이터 타는 것을 재미있는 놀이로 생각하고 장난치는 경우가 많으므로 위험성에 대해 미리 교육을 시킨다.

유비무환 안전 매뉴얼(엘리베이터)

1 엘리베이터 출입문에 기대지 않는다.
2 절대 출입문을 흔들거나 손으로 밀지 말아야 한다.
3 어린이는 가능한 한 보호자와 함께 탑승하도록 하고, 애완동물은 반드시 안고 탑승한다.
4 정전이나 사고로 엘리베이터가 멈추거나 실내등이 꺼지면 침착하게 인터폰으로 연락해 구조를 요청한다.

유비무환 안전 매뉴얼(에스컬레이터 및 무빙워크)

1 옷이나 스카프 등이 틈새에 끼지 않도록 주의한다.
2 절대 주행방향을 거슬러 타거나 장난치지 않도록 한다. 특히 어린아이가 에스컬레이터 위에서 놀거나 앉아 있지 않도록 한다.
3 신발을 벗고 맨발로 타지 않도록 한다.
4 동전, 열쇠 등을 떨어뜨리지 않도록 조심시킨다.

085 예초기 사고 예방

중요 포인트

- 만일의 사고에 대비해 안전 장비를 과하다 싶을 정도로 철저하게 착용한 후 작업에 임해야 한다.

유비무환 안전 매뉴얼

1 돌이나 칼날이 튀어 다치는 경우를 방지하기 위해, 시중에 판매하는 예초기 '칼날 보호 덮개'를 부착한다.

2 안면보호구, 보호안경, 무릎보호대, 장갑 등을 반드시 착용하고 긴 소매와 긴 바지 옷을 착용한다.

3 예초기 각 부분의 볼트와 너트, 칼날의 부착 상태를 면밀히 확인한다.

4 칼날이 돌이나 비석 등에 부딪치지 않도록 주의한다.

5 경사가 심한 비탈면, 굵은 나무 옆, 돌이 많은 지역에서는 사용하지 않는다.

6 이동 중에는 반드시 엔진을 정지시키고, 작업하는 주위 반경 15미터 이내에는 사람이 접근하지 않도록 한다.

086 벌 쏘임과 뱀 물림 사고 예방

중요 포인트
- 맨살이 드러나지 않도록 주의하고, 안전 장비들을 철저하게 챙긴다.

유비무환 안전 매뉴얼(벌 쏘임)
1. 산행이나 야영, 캠핑 시에는 벌을 자극할 수 있는 강한 냄새를 유발하는 향수, 화장품, 헤어스프레이 등의 사용을 자제한다.
2. 노란색, 흰색 등 밝은 계열이나 보풀, 털이 많은 재질의 의류를 피하고 맨살이 드러나지 않도록 주의한다.
3. 야영이나 벌초를 시작하기 전, 미리 지형을 익히고 스틱이나 긴 나뭇가지를 이용해 벌집이 있는지 사전에 확인한다.

유비무환 안전 매뉴얼(뱀 물림)
1. 길이 없는 풀숲이나 돌무더기가 있는 곳은 피한다.
2. 풀숲이나 숲길은 천천히 걸어 뱀이 피할 시간을 준다.
3. 긴 바지를 입고 목이 긴 등산화나 장화, 각반을 착용한다.
4. 길이 없는 곳은 막대로 풀을 휘젓거나 방을 두드려 가며 전진한다.
5. 스틱이나 옷에 방울을 달고 다닌다.

087 지하철에서의 사고 예방

중요 포인트

- 지하철을 안전하고 즐겁게 이용하는 10가지 안전 상식(서울 메트로)을 미리 숙지해둔다.

유비무환 안전 매뉴얼

1 스크린도어를 억지로 열거나 기대지 않는다.
2 에스컬레이터는 두 줄로 서서 탄다.
3 평소 열차 내 안전장치의 위치를 기억해 둔다.
4 타고 내릴 때 승강장과 열차 사이에 발이 빠지지 않도록 주의한다.
5 아무리 급해도 천천히 내리고, 승객이 모두 내린 후에 승차한다.
6 스크린도어와 출입문 사이에 소지품이 끼지 않도록 조심한다.
7 열차 내 비상장치는 긴급상황에서만 사용한다.
8 전동차 문이 닫힐 때 끼어 타지 말고 다음 열차를 기다린다.
9 지하철 계단이나 통행로에서는 우측 보행을 한다.
10 화재 발생 시에는 119나 지하철 고객 콜센터에 신고한다.

088 운전자 차량 사고 예방

중요 포인트

- 졸음운전은 큰 사고로 이어지므로 식사 직후에는 가능한 한 운전하지 않는다.

유비무환 안전 매뉴얼

1. 교통사고의 주요 원인인 졸음운전 사고는 오후 1~4시 사이와 새벽 2~5시에 발생한다. 식사 후 운전 시에는 자주 휴식을 취하고, 카페인이 들어간 음료를 마신다.
2. 눈, 비, 안개가 있을 때에는 무조건 평소의 50%로 감속하여 운행한다.
3. 전조등과 안개등을 반드시 켜고 운행한다. 라이트와 안개등을 반드시 작동한다.
4. 정기적으로 타이어 공기압을 체크한다. 공기압이 부족하거나 과다한 채로 주행하면 타이어가 쉽게 손상되고 사고의 원인으로 작용할 수 있다.
5. 안전띠를 착용하지 않고 시속 100Km로 주행 시 사고를 당하면 30층 이상에서 떨어지는 충격과 맞먹는다는 연구 결과가 있다. 고속도로와 자동차 전용도로에서는 앞뒤 좌석 모두 안전띠를 필히 착용한다.
6. 고속도로에서 졸릴 때는 반드시 안전쉼터를 이용한다.

Tip 자동차 타이어 점검

타이어는 주행 4만km 전후해서 교체하는 것이 바람직하다. 타이어 공기압은 수시로 체크해야 되는데 장마철에는 평소보다 10% 정도 공기압을 높여주고, 겨울철에는 반대로 10% 정도 낮춰주는 것이 좋다.

089 보행자 차량 사고 예방

중요 포인트

- 도로를 건너면서 스마트폰을 보거나 이어폰으로 음악을 듣지 않는다.

유비무환 안전 매뉴얼

1 횡단보도를 건널 때는 횡단보도의 우측으로 건너는 습관을 들인다. 진행 방향의 차로부터 최대한 사고를 예방할 수 있기 때문이다.

2 녹색 신호로 바뀐 즉시 급하게 건너지 않는다.

3 횡단보도를 건너는 동안에도 차량의 움직임을 주시한다.

4 도로를 걸을 때는 절대 스마트폰을 보거나 이어폰으로 음악을 듣지 않는다.

5 비 오는 날, 이른 새벽, 야간에는 밝은 옷을 입는 것이 교통사고 예방에 도움이 된다.

6 자전거를 탄 채 횡단보도를 건너면 안 된다. 반드시 내려서 끌고 가야 한다.

090 셀프 주유 사고 예방

중요 포인트

- 정전기가 심한 겨울철에는 셀프 주유 시 화재 예방에 각별히 신경 써야 한다.

유비무환 안전 매뉴얼

1 건조한 겨울철에는 스웨터 등 정전기가 발생하는 옷을 입고 셀프 주유를 하지 않는다.

2 차량 주유구를 열기 전에 주유기에 부착된 정전기 방지 패드를 터치해 스파크 발생으로 인한 화재를 미연에 방지한다.

3 차량 주유구에서 유증기가 나오는 경우, 정전기 스파크는 큰 화재로 연결될 수 있으므로 특히 겨울철에는 신경 써야 한다.

091 화재 사고 예방

🔔 중요 포인트

- 소화기 사용법을 숙지하고 있어야 초기 진화에 성공할 수 있다.

🔔 유비무환 안전 매뉴얼

1 가정 내에서는 가스 불에 의한 사고가 빈번하므로 불을 켜놓은 채 주방을 비우지 말아야 한다.

2 전기 누전 사고를 막기 위해 전기장판 등 전열기 사용은 가급적 자제하고, 장시간 사용을 피하는 것이 좋다.

3 한 콘센트에 여러 개의 플러그를 꽂는 문어발 식 사용은 화재의 원인이 된다.

4 담뱃불은 건조한 야외나 가정에서의 화재 원인이 되므로 주의해야 한다.

5 난방을 위해 난로를 사용한다면, 장시간 자리를 비울 때는 반드시 꺼야 한다.

6 난로에 기름을 넣을 때는 실외에서 해야 하고, 반드시 불을 끈 상태에서 주유해야 한다.

7 아파트, 다세대, 오피스 빌딩 등 많은 사람이 이용하는 건물에서는 비상구에 짐을 쌓아두거나 통행에 불편을 주는 어떤 물건도 두어서는 안 된다.

8 화재를 대비해 모든 사람들이 소화기 사용법을 숙지해 둔다.

092 가스 사고 예방

중요 포인트

- 가스 누출이 의심되는 경우 급하다고 환풍기나 선풍기 등을 켜면, 스위치 조작 시 발생하는 스파크에 의해 점화될 수 있으므로 절대 건드려서는 안 된다.

유비무환 안전 매뉴얼

1. 정기적으로 가스 누출 위험 부위에 비눗물을 발라 기포가 생기는지 검사한다.
2. 호스와 배관 연결부와 같은 접속 부위를 점검한다.
3. 가스 누출을 발견하는 즉시 메인 밸브를 잠그고, 보수를 받은 후 사용한다.
4. LPG 가스는 공기보다 무겁기 때문에 방바닥에 가라앉으므로, 모든 문을 활짝 열고 빗자루 등으로 쓸어낸다.
5. 휴대용 부탄가스 레인지 사용 시 지나치게 큰 그릇을 올려놓으면 폭발의 위험이 있다.
6. 가스 누출이 의심될 경우에 환풍기나 선풍기 등 전기기구를 조작하면 스파크에 의해 점화될 수 있으므로 대단히 위험하다.
7. 부탄가스 용기는 반드시 구멍을 뚫어 남은 가스를 완전히 제거한 후에 버린다.

093 장마철 감전사고 예방

중요 포인트

- 습도가 높은 계절에는 전기 사용에 특히 주의해야 하며, 물기가 묻은 손으로는 절대 전기 기구를 만져서는 안 된다.

유비무환 안전 매뉴얼

1 폭우로 인해 거리가 침수되었다면 가로등, 신호등, 맨홀을 조심해야 한다.

2 침수된 거리는 돌아서 가는 것이 좋다.

3 강한 비바람으로 인해 전봇대의 전선이 훼손될 경우에 대비해야 한다. 끊어진 전선이 물웅덩이에 닿을 경우, 물에 고압전류가 흐를 수 있다.

4 집이 침수되었다면 제일 먼저 분전반의 전원을 내려 실내의 전원을 차단한다. 전원 차단 없이 무작정 물을 퍼내려고 하다가 감전사고를 당하는 경우가 많다.

5 젖은 손이나 발로 전기제품을 만지지 말아야 한다. 욕실 콘센트에 드라이기나 면도기를 꽂아 사용하는 경우가 많은데, 습도가 높은 환경에서 젖은 손으로 만지게 되므로 매우 위험한 행동이다.

참고자료
가스 안전에 대한 모든 것

가스 사용 전에 반드시 누출 위험을 확인하는 습관을 길러야 한다. 만약 가스 누출이 감지되면 콕크, 중간밸브, 용기밸브를 모두 잠그고 창문과 출입문 등을 활짝 열어 환기시키는 것이 가장 중요하다.

⚡ LPG 안전 대책
- LPG는 공기보다 무거워 바닥에 가라앉는다. 빗자루 등으로 쓸어낸다는 느낌으로 바깥으로 밀어낸다.
- 환풍기나 선풍기를 조작하면 스파크의 위험이 있으므로 절대 손대지 말아야 한다.
- 화재 발생 시 가능하다면 가스기구의 콕크와 가스용기의 밸브를 모두 잠궈준다.

⚡ LNG(도시가스) 안전 대책
- 화재 발생 시 상황을 잘 판단하여 침착하게 콕크와 중간 밸브를 잠궈 가스를 차단하고, 상황이 허락되면 메인밸브까지 잠근다.
- 대형 화재일 경우 도시가스회사에 연락해 지역에 보내지는 가스 자체를 차단하게 한다.

⚡ 이동식 부탄가스 안전 대책
- 지나치게 큰 그릇을 사용하면 폭발의 위험이 있다.
- 연소기 쪽의 용기장착 가이드와 용기의 홈을 정확히 맞춰 장착한다.
- 삼발이가 제대로 놓인 상태에서 사용한다.
- 사용하고 난 용기는 반드시 구멍을 뚫어 남은 가스를 완전히 제거한 후 버려야 한다. 손톱깎이나 병따개를 이용해 간단히 뚫을 수 있다.

⚡ 가스 점검, 셀프로 하는 법

- 주방용 세제를 물과 1:1 비율로 섞은 다음 붓이나 스펀지에 묻혀 호스와 배관 연결부에 충분히 발라준다.
- 가스가 조금이라도 누출되고 있다면 비눗방울이 생겨 쉽게 판별할 수 있다.
- 누출이 확인되면 용기밸브와 메인밸브를 잠그고 반드시 보수를 받은 후 사용한다.
- 매월 일정한 날을 정해놓고 수시로 점검한다.

⚡ 가스 누출 시 대피요령

- 사고가 나면 119, 또는 재난상황실에 신고한다.
- 사고 발생지역의 바람의 반대 방향으로 신속히 대피한다.
- 가스를 흡입한 환자가 있으면 안전한 곳으로 옮기고 호흡 곤란 시엔 인공호흡을 실시한다.
- 기스가 피부에 묻어 동상 증상이 있을 때는 냉수 등으로 서서히 따뜻해지도록 하고, 화상을 입었을 경우에는 냉수 등으로 식히고 병원으로 후송한다.

출처 : 국가재난정보센터 홈페이지

Chapter 02

범죄 예방

094 어린이 및 청소년 성폭력 예방

🔔 중요 포인트
- 성범죄가 무엇이고, 그런 행동에 접했을 때 어떻게 행동해야 하는지에 대해 평소 교육이 필요하다.

🔔 유비무환 안전 매뉴얼
1. 평소에 자기주장을 분명히 밝히는 태도를 갖도록 교육한다.
2. 본인의 행선지를 부모님에게 정확히 알리는 습관을 갖도록 한다.
3. 사람들이 많이 다니는 길을 이용하고, 인적이 없는 길은 피한다.
4. 친절하게 다가오는 사람들도 주의해야 한다고 가르친다.
5. 만약 휴대폰을 빼앗겼더라도 따라가지 않도록 한다.
6. 밤늦은 시간에 이어폰을 끼고 다니지 않는다.
7. 채팅이나 문자 메시지, SNS를 통해 만난 사람과는 만나지 않도록 한다.
8. 평소에 성폭력에 대한 지식과 대처법을 알려준다.

095 어린이 유괴 예방

중요 포인트

- 평소 유괴 수법에 대해 잘 알아둔다. 유괴범들은 과자를 사 주거나 돈을 주는 방법, 부모가 병원에 입원했다고 거짓말하는 방법, 물건을 들어달라거나 길 안내를 부탁하는 방법, 강제적인 납치 방법 등을 사용한다.

유비무환 안전 매뉴얼

1 낯선 사람이 잘 아는 척 행동할 경우 대응하지 않는다.

2 낯선 사람이 돈, 과자, 음료수 등을 줄 경우 절대 받지 않는다.

3 낯선 사람이 길을 물어볼 경우, 그 자리에서 알려주고 절대 따라나서지 않는다.

4 낯선 사람을 만난 곳에서 집까지의 거리가 멀 경우, 가장 가까운 곳(아동안전지킴이집, 친구 집, 상가, 학교 등)으로 가서 연락한다.

5 으슥한 골목이나 공터, 어린이놀이터 등에는 혼자 가지 않는다.

6 저녁 늦게까지 밖에서 놀지 않는다.

7 등하교 시에는 친구와 함께 안전한 길로 다닌다.

8 값비싼 옷을 입거나 명품 시계, 고가의 가방 등을 가지고 다니지 않는다.

096 도난 사고 예방

중요 포인트

- 문이 열려 있는 집, 자물쇠가 밖에 채워져 있는 집, 초저녁에 불이 꺼져 있는 집, 집 앞에 우편물이나 배달물이 쌓여 있는 집은 쉽게 도둑의 표적이 된다.

유비무환 안전 매뉴얼

1 야간에 도둑이 침입했다면 가벼운 기침이나 선잠을 깨는 것처럼 하품을 하고 이불을 뒤척여 도둑이 도망가도록 유도한다.

2 집안에 귀중품은 두지 않거나, 분산해서 숨겨 둔다.

3 부득이하게 집을 비워야 하는 경우는 경비실이나 경찰에게 알리고 전등이나 라디오 등을 켜놓아 빈집이 아닌 것처럼 위장한다.

4 오랫동안 집을 비운다면 신문이나 우유 배달 등을 중지시켜 놓는다.

5 검침원, 동사무소 직원, 부동산 중개인을 가장하는 경우가 있으므로 확인되지 않은 경우에는 절대 문을 열어주지 않는다.

6 일단 현관 고리를 건 채로 문을 열어 사전 확인을 거치는 것이 좋다.

097 미아 사고 예방

중요 포인트

- 길을 잃었을 때는 그 자리에서 움직이지 않고 기다려야 한다는 것을 교육시키고, 외출 시에는 연락처를 몸에 지니도록 한다.

유비무환 안전 매뉴얼

1 자신의 이름과 부모 이름, 사는 곳, 전화번호를 외우도록 한다.

2 외부나 야외 활동 시에는 부모에게 꼭 허락을 받도록 한다.

3 행선지를 항상 부모에게 알리도록 한다.

4 길을 걸을 때는 큰 길로 다니고, 친구들과 함께 움직이도록 한다.

5 부모를 잃어버렸을 때는 일단 제자리에서 움직이지 않도록 교육한다.

6 아이가 외출할 때는 미아방지용 팔찌나 목걸이를 달아주고, 이름과 주소, 연락처 등은 유괴를 방지하기 위해 보이지 않는 옷의 안쪽에 부착한다.

098 노인의 자살 예방

🔔 중요 포인트

- 노인들 역시 주변사람들에게 자살 신호를 보내므로, 이를 주의 깊게 관찰하는 것만으로도 사고를 막을 수 있다.

🔔 유비무환 안전 매뉴얼

노인들의 자살 징후

1 근심, 걱정, 원망 등 자살하려는 마음을 감정으로 표현한다.
2 "더 살아서 뭐하나. 이만큼 살았으면 됐다. 너희들에게 부담되기 싫다."와 같은 말을 자주 한다.
3 옷차림이나 위생에 신경 쓰지 않고, 혼자 있으려고 한다.
4 병에 걸려도 약을 먹지 않는다.
5 재산이나 신변을 정리하고, 소중히 여기던 물건을 나눠 준다.

노인의 자살을 막는 법

1 자살 신호를 감지했다면, 그 마음을 이해하고 공감해야 한다.
2 노인이 하는 말을 귀 기울여 경청한다.
3 말의 내용뿐 아니라 감정에 주의를 기울인다.
4 옳고 그름을 함부로 판단하지 않는다.
5 '죽고 싶다'는 말은 '도와 달라'는 말이라고 이해한다.
6 전문기관의 도움을 요청한다.

> **Tip 특히 주의해야 할 경우**

과거 정신질환, 특히 우울증을 앓은 노인, 병에 걸린 노인, 치매에 걸린 배우자를 돌보는 노인, 경제상황이 어려운 노인, 최근에 배우자와 사별한 노인, 최근에 퇴직한 노인 등은 자살 위험도가 높으므로 더욱 관심을 가지고 지켜봐야 한다.

099 자살 예방

중요 포인트
- 자살하려는 사람들은 반드시 징후를 보이므로 그 신호를 알아차리는 것이 중요하다.

유비무환 안전 매뉴얼

자살의 징후들

1. 평소에 농담으로 자살이나 죽음에 대해 자주 언급하고, 혼자 낙서를 하기도 한다.
2. 대인관계를 기피하고 대외 활동을 거의 하지 않는다.
3. 평소에 만나지 않던 사람들을 일부러 챙겨서 만나러 다닌다.
4. 평소보다 술을 적게 마시고, 주변을 정리 정돈한다.
5. 평상시보다 더 밝고 평온해 보이며, 주변 상황에 초연해진다.
6. 소중하게 간직했던 물건들을 다른 사람들에게 나눠준다.

자살을 막는 방법

1. 자살 위험이 높은 사람을 혼자 있게 하지 않는다.
2. 자살을 시도할 수 있는 물건을 옆에 두지 않고, 그런 상황을 만들지 않는다.
3. 정신과 전문의나 상담가 등 자살 관련 전문가들을 만나게 해준다.

참고자료

납치, 유괴 예방을 위한 안전 수칙

⚡ 아이들에게 꼭 알려주어야 할 것

- 낯선 사람이 길을 묻거나 길 안내를 요구하면 절대로 따라가지 않는다.
- 밖에 나갈 때에는 부모님께 꼭 누구와 어디에서 무엇을 할지 말하도록 한다.
- 위급하면 큰 소리로 "살려주세요! 경찰아저씨를 불러주세요"라고 외친다.
- 놀이터에서 혼자 놀지 않도록 한다.
- 모르는 사람이 전화를 걸었을 때, '집에 혼자 있다'고 말하면 안 된다.
- 집에 혼자 있을 때에는 반드시 가족에게만 문을 열어준다.
- 낯선 사람과 단 둘이 엘리베이터를 타지 않는다.

⚡ 아이에게 가르쳐주어야 할 대화 및 행동 요령

- 낯선 사람이 길을 물어볼 때
 "저는 잘 몰라요. 다른 어른들께 물어보세요."라고 말하며 자리를 피한다.
- 낯선 사람이 거짓말을 하며 차에 강제로 태우려고 할 때
 "안돼요!" "싫어요!" 하고 큰 소리로 외쳐 주위의 도움을 청한다.
- 혼자 있는데 택배 아저씨가 문을 열어달라고 할 때
 "경비실에 맡겨 주세요."라고 부탁한다.
- 낯선 사람이 몸을 만질 때
 "도와주세요." "살려주세요."라고 소리치고 그 자리를 피한다.

Chapter 03

가정 및 생활 위험 예방

100 가정 내 어린이 안전사고 예방 (방과 거실)

중요 포인트

- 아이들의 사고는 언제 어디서 일어날지 모르므로, 위험한 물건들을 미리 치워놓는다.

유비무환 안전 매뉴얼

1 액자, 장식물 등 벽에 무거운 건물을 걸지 않는다.

2 책상이나 가구 위에 쏟아지기 쉬운 물건을 올려놓지 않는다.

3 침대나 가구 옆에 아이가 딛고 올라갈 수 있는 물건을 치운다.

4 아이 키 높이의 서랍에는 무거운 물건을 보관하지 말고, 가능한 한 손잡이를 빼 놓는다.

5 전기 콘센트에 위험한 물건을 집어넣을 수 없도록 안전 커버를 씌운다.

6 난방기구 등은 아이의 손이 닿지 않도록 한다.

7 의약품이나 화학제품은 어린이의 손이 닿지 않는 곳에 보관한다.

101 가정 내 어린이 안전사고 예방 (욕실)

중요 포인트

- 욕실에서 일어나는 미끄럼 사고와 감전 사고는 치명적 결과를 초래하므로 사전에 철저히 대비해야 한다.

유비무환 안전 매뉴얼

1 욕실 앞과 바닥에는 미끄럼 방지 매트 등을 깔아 둔다.

2 욕실 벽이나 욕조 바로 옆에 손잡이 봉을 부착해 미끄러질 때 잡을 수 있도록 한다.

3 세면대가 아이의 키에 맞지 않는다고 욕실에 받침대를 두는 경우가 있는데, 미끄러질 경우에 매우 위험하다. 세숫대야에 물을 받아 바닥에서 사용하도록 한다.

4 비누는 반드시 비누곽에 넣고 샴푸는 마개를 닫아 아이 손이 닿지 않는 곳에 보관함으로써 욕실 미끄럼 사고를 미리 방지한다.

5 욕실에 전기면도기나 헤어드라이어를 두지 않는다. 아이들이 젖은 손으로 만질 경우 매우 위험하다. 평상시에는 전원 플러그를 뽑아두는 것도 방법이다.

6 만 3세 미만 아이는 욕조에서 익사할 우려가 있으므로 절대 혼자 두지 않는다.

102 가정 내 어린이 안전사고 예방(주방)

중요 포인트
- 귀찮더라도 가스레인지 중간 밸브는 매번 사용할 때마다 잠그는 습관이 필요하다.

유비무환 안전 매뉴얼

1 주방 바닥은 가능한 왁스칠을 하지 말고, 물기는 즉시 닦아내 미끄럼을 예방한다.

2 주방 근처에는 아이들이 딛고 올라갈 수 있는 물건들을 모두 치운다.

3 싱크대 문에 아이들의 손이 끼지 않도록 모든 문과 서랍에 잠금장치를 하거나, 손쉽게 열 수 없도록 버튼용 개폐 방지 손잡이를 부착한다.

4 가스레인지 중간 밸브는 항상 잠그고, 가스 누출 자동차단장치를 설치한다.

5 튀김 요리를 할 때는 아이들의 접근을 막고, 튀김용 기름은 아이들의 손이 절대 닿지 않는 곳에서 식혀야 한다.

6 압력밥솥 취사 중에는 아이가 주방에 오지 못하도록 해서 증기로 인한 사고를 방지한다.

7 뜨거운 국이나 물이 담겨있는 냄비를 싱크대 가장자리에 두지 않는다.

103 가정 내 어린이 안전사고 예방 (창문, 베란다, 계단)

🚨 중요 포인트

- 창문과 베란다에는 아이가 딛고 올라갈 수 있는 물건을 절대 두지 않는다.

🚨 유비무환 안전 매뉴얼

1 창문, 베란다에는 보호대나 난간을 반드시 설치한다.

2 문이나 창문에는 잠금장치를 하여 아이가 혼자서 열 수 없도록 한다.

3 아이가 창문 밖으로 상체를 내밀거나 베란다 난간에 기대지 않도록 한다.

4 베란다에는 아이가 딛고 올라설 수 있는 의자나 상자를 두지 않는다.

5 계단 하나하나에 미끄럼 방지 틀을 설치한다.

6 계단 양쪽에 충분한 높이의 튼튼한 난간을 설치한다.

7 어린이가 계단을 올라갈 때, 보호자는 반드시 아이의 아래쪽에서 주시하며 올라간다.

8 계단에 날카로운 곳이 없는지 수시로 점검한다.

Tip 신종 감염병 예방 수칙

1 흐르는 물에 비누로 손을 자주 씻는다.
2 식수는 반드시 끓여서 먹거나 생수로 마신다.
3 도마, 칼 등은 식품 별로 구분해 사용한다.
4 손으로 눈, 코, 입을 만지지 않는다.
5 실내를 깨끗이 하고 환기를 자주 한다.
6 열이 나거나 호흡기 증상이 있으면 외출을 삼간다.

104 봄철 사고 예방

중요 포인트

- 겨울철 얼었던 땅이 녹기 시작하면 머금고 있던 수분 양이 증가하면서 공사장, 축대, 옹벽 등이 약해지므로 사고가 빈발하게 된다.

유비무환 안전 매뉴얼

1 지반 침하 등 이상 징후가 있는지 확인한다.

2 토사가 흘러내릴 위험은 없는지, 낙석 우려는 없는지 점검한다.

3 노후 건축물, 축대, 옹벽 주변을 점검한다. 건물에 균열이 생긴 곳은 없는지, 지반 침하로 기울어지지는 않았는지 확인한다.

4 건조한 봄철에는 산불이 빈번하게 발생하므로 산에 오를 때는 성냥이나 라이터를 가지고 가지 않는다.

5 산에서는 절대 흡연하면 안 되고, 취사와 야영은 지정된 장소에서만 한다.

6 봄철은 일교차가 심해 안개가 자주 발생하므로, 안개길 운전에 유의한다.

7 봄철 춘곤증으로 졸음운전 사고가 많으므로 충분한 휴식을 취한 후에 운전한다.

105 겨울 산행 사고 예방

중요 포인트
- 겨울에는 가급적이면 혼자 산행하는 것을 피한다.

유비무환 안전 매뉴얼
1. 겨울 등산 시에는 한파주의보, 대설주의보 등 일기예보를 면밀히 확인한다.
2. 3명 이상이 팀을 짜서 등산하고, 체력에 맞는 코스를 선정해 무리하지 않도록 한다.
3. 체온 유지를 잘 해주는 등산복과 장갑, 모자를 필히 준비한다.
4. 눈이나 비가 오는 상황을 대비해 아이젠, 스패치, 방수 등산화 등을 챙긴다.
5. 만일의 사태에 대비해 비상식량을 넉넉히 준비한다.
6. 가족들에게 행선지와 일정을 알려 둔다.

106 감염성 질병 예방

중요 포인트
- 손만 잘 씻어도 감염성 질병의 70%를 예방할 수 있다.

유비무환 안전 매뉴얼
1 화장실에 다녀온 뒤, 음식 만들기 전, 식사하기 전에는 반드시 흐르는 물에 비누로 깨끗하게 손을 씻는다.
2 음식과 물은 반드시 끓여 먹는다.
3 손에 상처가 있을 때는 음식을 만들지 않는다.
4 야채와 생선, 육류를 다듬는 칼과 도마는 구분하여 사용한다.
5 감염병 유행 시 여러 사람들과 함께 식사하는 것은 가급적 삼간다.
6 설사 증상이 있으면 다른 지역으로의 여행을 피한다.
7 집 주변에서 모기, 파리 등의 해충 서식지를 제거한다.
8 오물을 담는 통이나 쓰레기통은 뚜껑을 덮어둔다.
9 황사나 미세먼지 주의보가 발령되면 외출 시 마스크를 착용한다.

Tip 손 잘 씻는 방법 6단계
1 비누칠을 하고 손바닥과 손바닥을 마주 대고 문질러준다.
2 손가락을 마주 잡고 문질러준다.
3 손등과 손바닥을 마주 대고 문질러준다.
4 엄지손가락을 다른 편 손바닥으로 돌려주면서 문질러준다.
5 손바닥을 마주 대고 손깍지를 끼고 문질러준다.
6 손바닥에 다른 손의 손톱을 문질러 손톱 밑까지 깨끗하게 씻는다.

손 씻기 요령(질병관리본부)

1. 거품 내기

2. 깍지 끼고 비비기

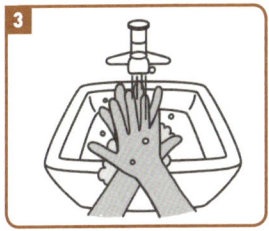
3. 손바닥, 손등 문지르기

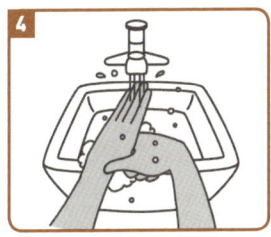
4. 손가락 돌려 닦기

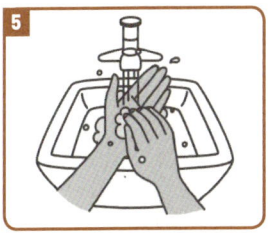
5. 손톱으로 문지르기

6. 흐르는 물로 헹구기

7. 종이 타월로 물기 닦기

8. 종이 타월로 수도꼭지 잠그기

107 여름철 식중독 예방

🔔 중요 포인트

- 날로 먹는 음식은 가급적 피하고, 조리한 후 시간이 지난 음식은 먹지 않는다.

🔔 유비무환 안전 매뉴얼

1 잠깐이라도 식재료들을 여름철 상온에 두면 변질의 우려가 있다.

2 분말, 건조 식재료라도 개봉 후 5일 내에 소비하고, 그 이상이라면 냉장 보관한다.

3 샐러드 등 채소류는 깨끗한 물로 잘 세척하고, 물은 되도록 끓여서 마신다.

4 육류나 어패류를 취급한 칼과 도마는 따로 사용하는 것이 교차오염의 위험을 줄인다.

5 만약 칼과 도마를 따로 사용할 수 없다면, 과일 및 채소류를 먼저 다듬고 그 다음에 육류와 어패류를 손질한다.

6 조리 후 시간이 경과해서 먹는 김밥 등 도시락 종류의 음식은 아이스박스에 넣어 보관한다.

7 냉동식품은 상온에서 해동하지 않는다. 냉장고나 전자레인지를 이용한다.

8 소량씩 자주 조리해서 음식이 상온에서 보관되는 시간을 줄이고, 잔반은 폐기하는 것이 좋다.

9 정기적으로 주방 기기들을 살균 소독한다.

10 유통기한이 지났거나 불확실한 식품, 상온에 방치된 음식은 과감히 버린다.

108 휴가철 식중독 예방

중요 포인트

- 휴가지에 가서도 손을 흐르는 물에 20초 이상 씻는다는 원칙을 지킨다.
- 물은 반드시 끓여먹고, 길거리 음식을 함부로 사먹지 않는다.

유비무환 안전 매뉴얼

1 휴가지에서도 식사 전과 조리 시에는 반드시 손을 씻는다.
2 휴가지에서 직접 음식을 만드는 경우는 신선한 식재료를 구입한다.
3 휴가지에서도 물은 반드시 끓여 먹는다.
4 자동차 트렁크나 자동차 안에 음식물을 보관하지 말고, 반드시 아이스박스를 이용한다.
5 길거리 음식이나 위생이 취약한 음식을 먹지 않는다.
6 휴가지에서 돌아온 후 칼, 도마, 행주 등을 열탕소독하거나 세척제를 이용해 소독한다.

Tip 비브리오 패혈증 예방하기

여름과 가을에 주로 발생하는 비브리오 패혈증을 예방하기 위해서는 어패류와 생선을 날것으로 먹지 않는 것이 가장 중요하다. 특히 간질환자는 비브리오 패혈증에 주의해야 한다. 여름철에 해변에 갈 때는 피부에 상처가 나지 않도록 하고, 상처가 났다면 신속하게 상처 부위를 씻고 소독해야 한다.

109 장마철 식중독 예방

🚨 중요 포인트

- 냉장고에 보관된 음식물도 변질될 수 있으므로 점검 후에 섭취해야 한다.

🚨 유비무환 안전 매뉴얼

1. 침수되었거나 침수가 의심되는 채소류나 음식물은 반드시 폐기한다.
2. 냉장고에 보관되었던 음식물일지라도 변질될 수 있으므로 각별히 주의한다.
3. 모든 식재료의 유통기간을 철저하게 지킨다.
4. 행주, 도마, 식기 등은 매번 끓는 물에 소독하거나 가정용 소독제로 살균한다.
5. 물은 반드시 끓여 먹는다.
6. 설사나 구토 증상이 있으면 신속하게 병원을 방문해 치료받는다.
7. 장마철에는 채소의 미생물 오염도가 증가하므로 농산물의 세척과 소독에 더욱 신경 쓴다.

110 가을철 야외 전염병 예방

중요 포인트

- 가을철의 단풍놀이, 캠핑, 성묘 등을 할 때는 산이나 풀밭에 앉지 말고 맨발로 걷지 않아야 한다.

유비무환 안전 매뉴얼

1 가을철 야외 전염병을 예방하려면 피부가 노출되는 옷을 피해야 한다.

2 가급적 맨발로 걷지 않도록 한다.

3 산이나 풀밭에 앉거나 눕지 않는다.

4 귀가 후에는 반드시 목욕을 하고, 입었던 옷은 꼭 세탁한다.

5 야외 활동 후 감기와 비슷한 증상이 나타난다면 즉시 병원을 찾아 검사를 받는다.

더 알아보기 유행성 출혈열 & 쯔쯔가무시

유행성 출혈열은 들쥐의 배설물에서 사람의 호흡기로 전염되는 바이러스성 질환으로 10~11월 사이에 성묘객들에게서 많이 발생한다. 2~3주 정도의 잠복기를 거치며 감기와 비슷한 증상을 일으킨다.

쯔쯔가무시는 진드기의 유충에 물려 발생하는 감염성 질환으로 농부나 야외 작업을 하는 사람에게 발병한다. 잠복기는 10~12일 정도이며 고열과 함께 피부궤양이 나타나는 것이 특징이다.

III 겨울철 노로 바이러스 예방

🔔 중요 포인트

- 겨울철이라고 식중독에서 자유롭다고 방심하면 안 된다.
- 노로 바이러스에 감염된 사람이 사용하던 옷이나 이불은 철저히 소독한다.

🔔 유비무환 안전 매뉴얼

1 손 씻기 등 개인위생 관리를 철저히 해야 한다. 특히 화장실 사용 후, 외출 후, 조리 시, 식사 전에는 흐르는 물에 20초 이상 손을 씻어야 한다.

2 조리 기구는 끓는 물이나 소독용 세제로 소독한다.

3 채소나 과일은 섭취 전 깨끗이 씻고 익혀 먹도록 한다.

4 굴이나 어패류 등을 섭취할 때 주의해야 한다.

5 지하수는 끓여서 먹고, 음식물은 충분히 가열해 내부까지 익혀서 먹는다.

6 노로 바이러스는 사람 간 2차 감염을 일으킨다. 바이러스에 감염된 사람이 사용한 옷과 이불 등은 뜨거운 물로 세척한다.

7 노로 바이러스에 감염된 급식소 종사자는 완치 후에도 약 3일 조리 업무를 하지 말아야 한다.

112 메르스 바이러스 예방

🔔 중요 포인트
- 환자와 접촉하거나 중동 방문 후 14일 이내에 고열 증상이 발생했다면 즉시 검사 받아야 한다.

🔔 유비무환 안전 매뉴얼
1. 사람이 많이 모이는 장소는 가급적 방문하지 않는다.
2. 고령자, 만성질환자는 외출을 자제한다.
3. 비누로 손을 자주 씻고, 씻지 않은 손으로 눈 코 입을 만지지 않는다.
4. 기침할 때는 입과 코를 가린다. 단 손을 사용해서는 안 된다. 휴지가 없다면 옷소매나 팔뚝으로 가리고 기침한다.
5. 발열이나 호흡기 증상이 나타나면 병원을 방문하고 의료진에게 방문한 지역과 병원 등을 상세하게 알린다.
6. 메르스 환자가 발생한 병원을 방문한 뒤 발열 증상이 나타난다면 방역 당국에 신고한다.
7. 외출 시에는 마스크를 사용한다. 슈퍼나 약국에서 파는 일반 마스크면 충분하다.
8. 건강한 사람은 메르스에 감염되어도 위험하지 않다. 격리 관찰 대상자가 되더라도 두려워할 필요가 없다.

더 알아보기 메르스란?

중동에서 발생한 급성 호흡기 감염병으로 신종 코로나 바이러스가 원인이다. 발열, 기침, 호흡곤란, 구토, 설사 등의 증상이 나타난다. 잠복기는 2~14일이며, 증상이 나타나기 전에는 전염력이 없는 것으로 알려져 있다. 일반적으로 2미터 이내에서 기침이나 재채기를 할 경우 나오는 분비물로 전파된다고 한다.

113 독감 바이러스 예방

중요 포인트

- 독감은 감기와는 달리 고열과 전신 증상이 나타나고 합병증으로 진행하기가 쉽다.

유비무환 안전 매뉴얼

1 외출 후, 식사 전 손을 자주 씻는다.
2 습도는 40~60%, 실내온도는 18~20도를 유지한다.
3 외출 시는 마스크를 착용하고 사람들이 많이 모이는 곳에는 가지 않는다.
4 주기적으로 집안이나 사무실 창문을 열어 환기한다.
5 노약자라면 독감 예방접종을 미리 해둔다.
6 일단 독감에 걸리면 충분한 휴식을 취하며 금연과 금주한다.
7 독감에 걸리면 수분을 충분히 섭취하는 것이 좋다. 꿀을 탄 레몬차는 수분뿐만 아니라 비타민을 공급해 빨리 회복되도록 해준다.

더 알아보기 — 감기, 계절독감, 신종플루의 차이점

유형	감기	계절독감	신종플루
재난	200종류 이상의 다양한 바이러스	인플루엔자A(H1N1, H3N2) 인플루엔자 B바이러스 등	신종플루엔자 A(H1N1) 바이러스
안전	1~4일	1~7일	1~7일
증상	• 미열(37도 이하), 두통, 콧물, 코막힘, 기침, 재채기 • 인후통, 근육통	• 갑작스런 고열(39도 이상) • 두통, 피로감, 근육통이 심함 • 일반적인 감기증상 동반 • 기침, 흉통이 심함, 호흡곤란 • 구토나 설사	• 갑작스런 고열(38~40도) • 근육통, 두통, 오한 등의 전신 증상과 마른기침 • 인후통의 호흡기 증상 (호흡곤란) • 구토나 설사
합병증	결막염, 축농증, 중이염	상기도–하기도 감염, 폐렴, 천식	폐렴, 급성호흡부전
예방법	• 청결유지, 비타민C섭취, 습도유지 • 예방약은 없음	• 청결유지 • 발열, 호흡기 증상자 피하기 • 예방백신접종	• 청결유지 • 발열, 호흡기 증상자 피하기 • 예방백신접종
치료	대증요법	• 해열, 진통제(타이레놀) • 타미플루, 리렌자 등 항바이러스제 사용(증상발생 48시간 내 복용해야 효과적임)	• 항바이러스제 타미플루, 리렌자 사용

출처 : 서울대학교병원 의학정보

114 심각한 질환 예방

🔔 중요 포인트
- 무심코 지나치기 쉬운 경미한 증상이지만 아주 위험한 질병의 지표일 수도 있다.

🔔 유비무환 안전 매뉴얼
아래와 같은 증상이 나타날 시엔 반드시 응급 진료를 받아야 한다.

1. 기침을 할 때, 혹은 가래에 피가 섞여 나올 때
2. 소량이라도 피를 토하거나 혈변을 본 경우
3. 갑자기 가슴에 통증을 느낀 경우
4. 잠시라도 의식을 잃은 경우
5. 신체에 마비 증상이 일시적으로라도 나타난 경우
6. 갑자기 호흡 곤란이 온 경우

출처 : 중앙응급의료센터

115. 겨울철 한파 예방

🔔 중요 포인트

- 가벼운 스트레칭은 사고를 예방할 뿐만 아니라 기초체온을 올려준다.

🔔 유비무환 안전 매뉴얼

1 심장이나 호흡기 질환을 갖고 있는 사람은 가급적 외출을 자제한다.

2 외출 전후에는 가벼운 스트레칭을 통해 몸을 풀어주고 기초 체온을 올려준다. 차가운 날씨에 몸이 굳으면 사고가 발생하기 쉽기 때문이다.

3 실내온도를 18~20도로 유지하고, 적정 습도를 지킨다.

4 충분한 수분을 섭취한다.

5 춥더라도 주기적으로 창문을 열어 실내 환기를 한다.

6 외출 시에는 내복을 착용하고 마스크와 목도리, 모자 등으로 머리 부분과 목덜미를 보온한다.

7 무리한 산행이나 실외 운동을 삼간다.

Tip 한파주의보와 한파경보

한파주의보는 11~3월에 당일의 아침 최저기온보다 다음날의 아침 최저기온이 10℃ 이상 하강할 것으로 예상될 때 발령된다. 이에 반해 한파경보는 기온 차이가 15℃ 이상일 때 발령된다.

116 여름철 폭염 예방

🔔 중요 포인트

- 에어컨 가동 시엔 반드시 1시간에 한 번씩 환기를 해주어야 냉방병을 예방할 수 있다.

🔔 유비무환 안전 매뉴얼

1. 낮 12시부터 오후 5시까지 외출을 자제하는 것이 좋다. 부득이한 경우 자외선 차단제와 양산 등으로 햇볕을 차단하고 장시간 외출을 삼간다.
2. 온도가 높은 낮 시간에는 되도록 천천히 걷고 격렬한 운동은 피한다.
3. 하루 6~8컵 정도 충분한 수분을 섭취한다.
4. 탈수현상을 일으키는 술이나 카페인 음료는 자제하고, 그 대신 미네랄워터나 수분이 많은 과일을 섭취한다.
5. 밝은 색 계열의 통풍이 잘 되는 헐렁한 옷을 입어 체온을 낮춘다.
6. 어린이와 고혈압, 심근경색 등 만성질환자, 야외 근무자, 독거노인 등은 건강상태를 주기적으로 체크한다.
7. 실내온도차는 ±5℃를 유지하고, 에어컨을 가동한다면 1시간에 1번씩 환기를 잊지 않는다.

Tip 냉방병 예방하는 실내온도 설정하기

기온 변화에 대한 신체 조절 능력은 5℃ 내외이므로 실내외 온도 차이는 5℃ 정도가 적당하며, 최대 8℃를 넘지 않도록 해야 한다. 일반적으로 외부 온도가 23℃ 이하일 때는 1℃ 낮게, 26~27℃일 때는 2℃ 낮게, 28~29℃일 때는 3℃ 낮게 하는 것이 좋다. 기온이 30℃일 때는 4℃, 31~32℃일 때는 5℃, 그리고 33℃가 넘으면 6℃ 정도 낮추는 것이 추천된다.

117 민방공경보 경계경보 발령 시

중요 포인트
- 경계경보 사이렌은 1분 동안 평탄음이며 TV, 라디오, 확성기로도 확인할 수 있다.
- 야간이라면 재빨리 전등을 끈다.

행동 요령
1 TV와 라디오 방송을 청취하며 정부의 안내에 따른다.

2 야간이라면 모든 전등을 끄거나 불빛이 밖으로 새어나가지 않도록 차단한다.

3 어린이와 노약자를 우선적으로 대피시키고, 평소 준비해 둔 비상용품을 대피소로 옮긴다.

4 화재 위험이 있는 석유와 가스통은 안전한 곳으로 옮기고 외부 밸브를 차단하며 전열기의 코드는 뽑아둔다.

5 화생방 공격에 대비해 방독면 등 개인 보호장비를 점검하고, 외부에 있는 식품과 식수원은 뚜껑이나 비닐로 덮는다.

6 극장, 운동장, 음식점 등 사람이 많이 모이는 곳에서는 영업을 중단하고 손님들을 대피시킨다.

118 민방공경보 공습경보 발령 시

중요 포인트
- 공습경보 사이렌은 3분 동안 파상음이며 TV, 라디오, 확성기로도 확인할 수 있다.
- 고층건물이라면 신속히 지하실이나 아래층으로 대피한다.

행동 요령
1. 지하 대피소 등 안전한 곳으로 빨리 대피하고 고층건물에서는 지하실 또는 아래층으로 대피한다.
2. 화생방 공격에 대비해 방독면 등 개인보호 장비와 간단한 생활필수품과 식품과 식수를 챙겨 대피한다.
3. 운행 중인 차량은 가까운 빈터나 도로 오른쪽에 정차한 후, 승객을 모두 내리게 하여 대피시킨다.
4. 안전한 곳에 대피했으면 계속 방송을 들으면서 정부의 안내에 따라 행동한다.

방공경보 화생방경보 발령 시

중요 포인트

- 화생방경보는 사이렌 없이 음성 경보만 발령된다.
- 보호장비가 없다면 비닐이나 우의로 몸을 감싸고, 손수건으로 코와 입을 막는다.

행동 요령

1 방독면과 보호의를 착용한다. 만약 준비되어 있지 않다면 비닐이나 우의로 몸을 감싸고, 손수건 등으로 코와 입을 막는다.

2 시간적인 여유가 있다면 음식물, 우물, 장독 등은 비닐이나 뚜껑으로 잘 덮어두어야 한다.

3 화학 공격이 있을 때는 고지대나 고층건물의 상층부로 신속히 대피한다. 실내에 대피할 때에는 문을 꼭 닫고 외부의 오염된 공기를 차단한다.

4 생물학 공격이 있을 때는 위생에 힘쓰며 해충에 물리지 않도록 한다.

5 반드시 끓인 물과 깨끗한 음식물만 섭취한다.

6 가급적 실내에 머물고 정부의 안내에 따라 신속히 오염지역을 벗어난다.

7 화생방 공격을 받은 지역은 그 일대가 오랫동안 오염되어 있으므로, 정부의 안내가 있을 때까지 보호장비 착용 및 보호조치를 계속 유지한다.

참고자료

화생방 공격 시 대피 요령

⚡ 화학 무기란?

사람, 동식물을 죽이거나 다치게 하기 위한 독성물질을 충전한 무기로 주로 포탄이나 비행기에 실어서 살포한다. 호흡 곤란, 구토, 피부의 반점 등의 증상이 생기면 화학무기 공격을 의심해야 한다.

⚡ 생물학 무기란?

사람이나 동식물에 질병을 일으키는 세균, 바이러스 등을 충전한 무기로 화학 무기와 마찬가지로 포탄이나 비행기를 이용해 살포한다. 계절에 맞지 않는 질병이 돌거나 가축과 동물이 집단 폐사하면 생물학 무기 공격 가능성이 있다.

⚡ 화생방 공격 대응 방법

- **지형, 바람의 방향을 감안해 대피한다.**
  화학 가스는 공기보다 무거우므로 손수건이나 옷으로 입과 코를 막고 높은 곳이나 건물 고층으로 대피해야 한다. 내가 있는 쪽에서 화학 가스가 터진 곳으로 바람이 불면, 바람이 불어오는 쪽으로 대피한다.

- **창문과 문을 모두 닫고 틈새를 밀폐한다.**
  현관문·방문·창문을 꼭 닫고 틈새는 비닐이나 접착테이프로 막아야 한다. 에어컨이나 공기청정기는 작동하면 안 되고, 에어컨 실외기로 연결된 벽면 통로는 랩이나 접착 테이프로 꼼꼼하게 밀폐한다.

- **외부의 오염물질을 신속하게 제거한다.**
  외출에서 돌아오면 수돗물을 틀어놓고 15분 이상 깨끗이 씻고, 병원에 가서 진단을 받는다. 오염된 옷이나 음식은 플라스틱 그릇이나 비닐에 넣어 전문 처리요원에게 맡긴다. 오염된 옷을 세탁해서 다시 입으면 안 된다.

- **오염이 의심되는 환자나 물건과 접촉하지 않는다.**
  오염 지역에서는 마스크나 손수건으로 입과 코를 막고 다니고, 수시로 병원에서 치료와 진단을 받는다.

- **모든 음식과 물은 15분 이상 끓여 먹고 병원에서 진료를 받는다.**
  목욕과 청소를 자주 하고, 모든 음식은 끓여 먹는다. 집에서 기르는 가축이나 애완동물도 오염될 수 있으니 주의 깊게 살펴야 한다.

출처 : 국민안전처 홈페이지

부록

응급상황 시 행동 원칙

01 위험 점검

어떤 잠재적인 위험이라도 해가 될 수 있으므로 가장 먼저 확인해야 한다.

- 주변에 위험한 요소를 점검해 구조자가 위험에 노출되지 않도록 한다.
- 지나가는 사람도 위험에 노출되지 않도록 한다.
- 위험요소의 제거가 안전하게 이루어질 수 있다면 즉시 제거한다.
- 화재 현장 같은 위험한 상황이 아니면 환자를 옮기지 않는다.

02 환자의 반응 확인

환자가 의식이 있는지 없는지, 반응 정도를 확인해야 한다.

- 환자가 의식이 없거나 혼미한 경우에는 환자에게 크게 소리쳐서 반응을 확인한다.

  예 "제 말 들리세요?"
- 만약에 크게 소리쳐도 반응이 없다면 환자의 양 어깨를 두드린다.
- 영아(1세 미만)의 경우, 발바닥을 때려 확인한다.

03 주위의 도움 요청

만약 반응이 없으면 지나가는 사람이나 동료에게 소리쳐서 신고해 달라고 요청해야 한다. 가능하면 아는 사람을 지목하도록 하며, 눈을 맞추어 요청을 이해했는지 확인해야 한다.

04 환자의 기도 확보

기도(입부터 폐까지의 호흡을 위한 길)가 유지되어 있는지 확인해야 한다.
- 입을 열고 기도를 막고 있는 물질이 있다면 제거한다.
- 앞쪽에 잘 보이는 경우만 기구를 써서 제거한다.

05 환자의 호흡 확인

환자가 호흡을 하고 있는지 확인하고 호흡이 없다면 인공호흡을 시행한다.
- 환자의 가슴이 오르락내리락 하는지 확인한다.
- 환자의 입 가까이에 귀를 갖다 대어 호흡음을 확인한다.
- 뺨이나 귀를 환자의 얼굴에 갖다 대어 호흡이 느껴지는지 확인한다.
- 몸의 자발적 움직임, 침 삼킴, 기침 등 다른 생존의 증거를 확인한다.
- 2번의 인공호흡을 시행한다.

06 환자의 순환 확인

환자에게 어떤 순환의 징표가 있는지 확인한다.

- 호흡, 기침 혹은 어떤 움직임이 있는지 확인한다.
- 특별히 숙련된 의료인이나 응급의료 종사자가 아니면 굳이 맥박을 만져서 확인하려고 노력할 필요는 없다.
- 순환의 증거가 없으면 흉부 압박을 시행한다. 흉부 압박 등을 하려면 기초적인 교육을 받아야 한다.

07 119에 신고

전화로 119에 신고할 때는 자신이 응급상황을 발견한 사람임을 알리고, 아래 상황을 정확하게 말해야 한다.

- 전화건 사람의 전화번호
- 상황 발생 장소 : 주소나 거리 이름, 눈에 잘 띄는 건물 등
- 상황의 종류 : 예 "교통사고인데, 두 차가 충돌하였고, 도로는 막혔으며, 세 명이 차 안에 있음"
- 환자의 수, 성별 및 대략의 나이 등 정보
- 위험물질(가스, 기름 등) 유무, 현장의 기후(안개, 결빙 등) 정보

출처 : 중앙응급의료센터

부록

폭발, 붕괴, 테러 시 국민행동요령

01 가스 누출 및 폭발 사고 발생 시

- 냄새를 맡아 가스가 새는지 확인한다.
- LPG는 바닥에서부터, LNG는 천정에서부터 쌓이기 시작하므로 가스 누출 여부를 면밀히 점검한다.
- 가스가 누출되었다고 판단되면 즉시 환기하고, 전기 스위치나 화기 사용을 금지한다.
- 라이터를 켜거나 쇠붙이를 부딪치는 행동도 극히 위험하다.
- 가스 폭발은 2차 폭발로 이어질 수 있다는 점을 명심한다.
- 2차 폭발에 대비, 전기 스위치와 화기 사용을 금하고, 가스 중간밸브를 잠근 후 창문을 열어 자연 환기를 시킨다.
- 바닥에 남아 있을 수 있는 가스(LPG)는 빗자루나 방석으로 쓸어낸다.
- 폭발사고 때는 굉음으로 청각에 손상을 입을 수 있으므로, 두 손으로 귀를 막고 대피한다.
- 폭발 지점으로부터 멀리 떨어진 장소, 차폐 벽이 있는 장소 등 안전한 곳으로 신속히 대피하되, 노약자를 우선적으로 대피시킨다.
- 연기, 가스에 의한 질식이나 호흡기관의 장애를 초래할 위험이 있으므로 바람의 방향을 잘 관찰해 이동한다.
- 이동 시에는 수건을 물에 적셔 입과 코를 막는 것이 안전한 방법이다.

- 어디선가 파편이나 낙하물이 날아올 수 있으므로 주의하면서 신속히 대피한다.
- 누출된 가스로 인해 눈이 따가울 경우에는 깨끗한 물로 씻는다.
- 부상자는 즉시 안전한 장소로 옮긴 후, 응급조치를 취한다.

02 건축물 붕괴사고 발생 시

- 엘리베이터 홀, 계단실 등과 같이 견디는 힘이 강한 벽체가 있는 곳으로 임시 대피한다.
- 건물 밖으로 탈출 가능한 통로를 찾으면서, 주위 사람들과 협력해 완강기, 밧줄 등을 이용해 노약자를 우선 대피시킨다.
- 건물에 대해 잘 아는 사람을 선두로 우왕좌왕하지 않고 신속하고 질서 있게 이동한다.
- 유리 파편이나 낙하물에 대비해 코트, 담요, 방석, 신문지, 박스 등으로 최대한 머리와 얼굴을 보호한다.
- 잔해 때문에 꼼짝 못하게 되었을 때는 가능한 혈액순환이 잘 되도록 수시로 손가락과 발가락을 움직여주는 것이 필요하다.
- 불필요하게 고함을 지르거나 우는 등, 체력을 소진시킬 수 있는 행동은 하지 않는다.
- 구조대가 주변에 있다고 확신하면 손전등을 비추거나 큰 소리로 불러서 자신의 위치를 알려준다.
- 주기적으로 파이프 등을 두드려 구조대의 주의를 끌어야 한다.
- 혹시 불통구역이더라도 휴대전화 전원을 켜두되, 배터리 절약을 위해 일정 주기로 꺼둔다.
- 공기 공급이 잘 되는 창문 근처에 대피하는 것이 좋다.
- 선반이 없는 벽 쪽이나 튼튼한 테이블 밑에서 자세를 낮추고 구조를 기다린다. 최대한 낙하물로부터 보호를 받을 수 있는 장소를 찾는 것이 중요하다.
- 파손의 위험이 있는 계단이나 정전으로 가동이 중단될 수 있는 엘리베이터는 이용하지 않는다.

- 가스 누출 위험이 있으므로 성냥, 난로 등은 켜지 말고 어두운 곳에서는 손전등을 이용한다.
- 입과 코를 옷이나 천으로 가려 붕괴로 인한 먼지 흡입을 최소화한다.
- 구조될 수 있다는 희망을 가지고 냉장고 등에서 물과 음식을 챙겨 대피한다.
- 저체온증에 빠질 우려가 있으므로 보온을 할 수 있는 옷가지 등을 챙기고, 체온 유지에 힘쓴다.
- 만약 붕괴지역 외부에 있다면 가급적 사고 지역에 접근하지 않는다.
- 불가피하게 붕괴지역을 지나가야 한다면 유리 파편 등이 떨어질 우려가 있으므로 가방, 방석, 책 등으로 머리를 보호한 채 빨리 통과한다.

03 테러 사고 발생 시

- 폭발물이 발견된 현장에서 폭탄으로 추정되는 물건엔 절대 손대지 않아야 하고 신속하게 119에 신고한다.
- 폭발음이 바로 옆에서 들리면 즉시 바닥에 엎드린 후, 몇 분 정도 시간이 경과되면 되도록 멀리, 큰길의 한가운데 등 개활지 쪽으로 대피한다.
- 총격 테러가 일어난다면 엎드린 후 동정을 살피는 것이 최선이다.
- 항상 낮은 자세(포복 자세)를 유지하고 상황이 허락하는 대로 즉시 119에 신고한다.
- 억류, 납치 시엔 일단 순응하고 탈출 가능성이 크지 않으면 탈출하지 않는다.
- 납치범에게 답변은 되도록 짧게 자연스러운 자세로 하고 평정심을 유지한다.
- 외부에서 구출을 위한 모든 수단을 강구하고 있다고 믿고 절망하거나 포기하지 않는다.

- 탈출로 등 자신이 유리하게 활용할 수 있는 여건을 파악한다.
- 눈을 가린 상태로 납치되었다면 주변의 냄새, 피랍로의 경사와 거리, 범인의 음성 등을 기억하도록 노력한다.
- 외부에서 구출작전이 전개되었다고 판단되면 즉시 엎드린다.
- 생물 테러 의심 물건을 발견했다면 즉시 자리를 피한 후 119에 신고한다.
- 생물 테러 물질에 오염되었다면 몸을 씻고 입고 있던 옷과 신발 등은 소독 처리 후, 폐기한다.
- 생물 테러 작용제는 치료제가 있으므로 오염되었다고 당황하지 말고 침착하게 행동한다.
- 화학 테러 물질이 의심되면 손수건 등으로 입과 코를 가리고, 옷으로 피부를 감싸 최대한 노출되지 않도록 한다.
- 화학 물질을 피하려면 실외에서는 바람을 안고 이동하되 높은 곳으로 대피한다.
- 화학 물질에 오염된 장소가 지하철, 건물 등 실내공간이라면 신속하게 밖으로 대피한다.
- 차량으로 사건 현장에서 벗어날 때는 창문을 닫고, 에어컨 및 히터는 켜지 않는다.
- 의심스러운 우편물을 발견했다면 냄새를 맡거나 맨손으로 만지지 않고, 조심스럽게 바닥에 내려놓는다.
- 우편물을 흔드는 등 충격을 주지 말고, 라이터와 같은 물질과 접촉하지 않도록 한다.
- 우편물에 얇은 줄이나 선이 나와 있는 경우 당기거나 자르지 말고, 휴대전화 등 전자파 발생 장치를 사용하지 않는다.

출처 : 국민안전처 홈페이지